TOP10
BRÜSSEL
& FLANDERN

ANTONY MASON

W0044422

DK | Penguin Random House

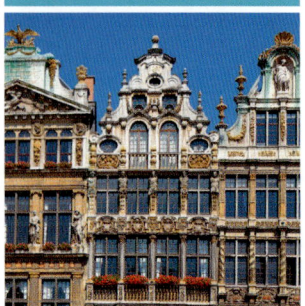

Highlights

Themen

Willkommen in
Brüssel & Flandern 5

Brüssel & Flandern
entdecken 6

Highlights.. 12

Grand Place, Brüssel 14

Musées royaux des
Beaux-Arts, Brüssel.............. 18

Musée des Instruments
de Musique, Brüssel............. 20

Musée Horta, Brüssel 22

Centre Belge de la
Bande Dessinée, Brüssel 26

Burg, Brügge.................................. 28

Groeningemuseum &
Sint-Janshospitaal, Brügge ... 30

Kathedrale, Antwerpen............. 32

Rubenshuis, Antwerpen 34

Genter Altar................................. 36

Historische Ereignisse 40

Stars & Legenden 42

Maler....................................... 44

Kirchen 46

Art-nouveau-Gebäude
in Brüssel 48

Museen 50

Kunstsammlungen 52

Unbekanntes Brüssel
& Flandern............................ 54

Kinder 56

Theater, Tanz & Musik............ 58

Belgische Biersorten 60

Shopping 62

Kostenlose Attraktionen............ 64

Feste & Veranstaltungen........... 66

Ausflüge 68

Inhalt

Städte & Regionen

Zentrum von Brüssel **72**

Umgebung von Brüssel **82**

Brügge................................**90**

Antwerpen **100**

Gent................................**108**

Reise-Infos

Anreise &
   Vor Ort unterwegs................ **116**

Praktische Hinweise................ **118**

Hotels.. **124**

Textregister................................ **132**

Impressum &
   Bildnachweis **138**

Sprachführer Französisch....... **140**

Sprachführer Flämisch............ **142**

Die Top-10-Listen in diesem Buch sind nicht nach Rängen oder Qualität geordnet. Alle zehn Einträge sind in den Augen des Herausgebers von gleicher Bedeutung.

Umschlag Vorderseite & Buchrücken
Regenbogen über der Grand Place, Brüssel
Umschlag Rückseite Uferfront am malerischen Graslei-Kai in Gent
Titelseite Hôtel de Ville (Rathaus) an der Grand Place, Brüssel

Die Informationen in diesem Top-10-Reiseführer werden regelmäßig aktualisiert.

Angaben wie Telefonnummern, Öffnungszeiten, Adressen, Preise und Fahrpläne können sich jedoch ändern. Der Verlag kann für fehlerhafte oder veraltete Angaben nicht haftbar gemacht werden. Für Hinweise, Verbesserungsvorschläge und Korrekturen ist der Verlag dankbar. Bitte richten Sie Ihr Schreiben an:
Dorling Kindersley Verlag GmbH
Redaktion Reiseführer
Arnulfstraße 124 • 80636 München
travel@dk-germany.de

Willkommen in
Brüssel & Flandern

Brüssel, der Hauptsitz der Europäischen Union, und die drei wichtigsten Städte Flanderns verbindet ein herausragendes kulturelles Erbe, das bis ins Mittelalter zurückreicht. Kunst, Design und Mode, Gourmetrestaurants, erlesene Biere und Schokolade – der Top 10 Brüssel & Flandern begleitet Sie zuverlässig bei der Entdeckung dieser ureuropäischen Region.

Jan van Eyck, Hans Memling und ihre Zeitgenossen begründeten ein Goldenes Zeitalter der Malerei, das sich in großartigen Sammlungen der Region, wie den **Musées royaux des Beaux-Arts** in Brüssel und dem **Groeningemuseum** in Brügge, studieren lässt. Wenige Künstler waren einflussreicher als Rubens, dessen Wohnhaus und Atelier, das **Rubenshuis**, zu den Highlights von Antwerpen zählt. Ähnlich bedeutend sind die städtebaulichen Zeugnisse: mittelalterliche Plätze wie die **Burg** in Brügge, die gotische **Kathedrale von Antwerpen** und nicht zuletzt die **Grand Place** in Brüssel.

Die vier Kulturmetropolen lassen sich wunderbar zu Fuß erkunden. Mit eleganten Einkaufsstraßen, quirligen Cafés und ausgezeichneten Restaurants sind sie im besten Sinne modern. Und nirgendwo sonst bekommt man bessere *frites* bzw. *frietjes*.

Ob Sie hier ein Wochenende oder eine ganze Woche verbringen – der *Top 10 Brüssel & Flandern* führt Sie zuverlässig durch die Region, von der wunderbaren Instrumentensammlung des **Musée des Instruments de Musique** in Brüssel über die moderne Kunst des **SMAK** in Gent bis zu den bezaubernden Kanälen von Brügge und den wummernden Clubs von Antwerpen. Mit praktischen Reisetipps, sieben Routenvorschlägen, detaillierten Karten und inspirierender Fotografie ist das Buch Ihr idealer Reisebegleiter im handlichen Format. **Genießen Sie die Streifzüge mit diesem Reiseführer, genießen Sie Brüssel & Flandern.**

Im Uhrzeigersinn von oben: Lier bei Antwerpen; Blinde Ezelstraat, Brügge; Waffeln; Le Botanique, Brüssel; Rodins *Denker*, Brüssel; Grand Place, Brüssel; Centre Belge de la Bande Dessinée, Brüssel

Brüssel & Flandern entdecken

Brüssel, Brügge, Antwerpen und Gent bieten ihren Besuchern neben einem einzigartigen europäischen Kulturerbe Tag und Nacht ein aufregendes Programm. Fußgängerfreundliche Straßen sowie zahlreiche Restaurants und Cafés laden zum Bummeln und Verweilen ein. Die folgenden Touren führen Sie zu den wichtigsten Highlights in dieser faszinierenden Region – bei möglichst geringem Zeitaufwand.

Legende
- Zwei-Tages-Tour
- Sieben-Tages-Tour

Die Grand Place wird von Brüssels gotischem Rathaus dominiert.

Zwei Tage in Brüssel

Tag ❶
Vormittags
Starten Sie an der **Grand Place** *(siehe S. 14f)*. Flanieren Sie durch die **Galeries Royales Saint-Hubert** *(siehe S. 77)* zur **Cathédrale des Saints Michel et Gudule** *(siehe S. 74)*.

Nachmittags
Nach dem Mittagessen erkunden Sie das **Musée des Instruments de Musique** *(siehe S. 20f; Mo geschlossen)* und die **Musées royaux des Beaux-Arts** *(siehe S. 18f; Mo geschlossen)*.

Tag ❷
Vormittags
Besuchen Sie **La Bourse** *(siehe S. 16)*, spazieren Sie anschließend über die

Die Musées royaux des Beaux-Arts umfassen drei eigenständige Sammlungen.

Place Sainte-Catherine zur Église St-Jean-Baptiste au Béguinage *(siehe S. 75)*. Die **Place des Martyrs** *(siehe S. 76)* liegt auf dem Weg zum **Centre Belge de la Bande Dessinée** *(siehe S. 26f)*.

Nachmittags
Per Tram geht es zum **Musée Horta** *(siehe S. 22f)*. Bewundern Sie auch die nahen Art-nouveau-Straßen.

Sieben Tage in Brüssel & Flandern

Brüssel – Tag ❶
Wie in *Zwei Tage in Brüssel*.

Brügge – Tag ❷
Vormittags
Gehen Sie zum **Markt** und genießen Sie das Panorama vom **Belfort** *(siehe S. 91)*. Danach lohnt ein Besuch der **Burg** *(siehe S. 28f)*.

Nachmittags
Das **Groeningemuseum** *(siehe S. 30f; Mo geschlossen)* versammelt flämische Meister des Spätmittelalters. Auch die **Onze-Lieve-Vrouwekerk** *(siehe S. 92)* und das **Sint-Janshospitaal** *(siehe S. 92)* sind unbedingt sehenswert. Genießen Sie zuletzt die erholsame Idylle des **Begijnhof** *(siehe S. 93)*.

Brügge – Tag ❸
Vormittags
Beginnen Sie den Tag in der **Choco-Story** und/oder im **Frietmuseum** *(siehe*

S. 94). Besuchen Sie dann die **Sint-Walburgakerk** *(siehe S. 94)*. Im stillen Östlichen Brügge *(siehe S. 95)* finden Sie die **Sint-Annakerk** und das **Volkskundemuseum** (Mo geschlossen).

Nachmittags
Verbringen Sie den Nachmittag in der **Jeruzalemkerk** und im **Kantcentrum** *(siehe S. 95)*. Das Zentrum für Spitzenklöppelei bietet nachmittags Vorführungen. Anschließend flanieren Sie durch die reizenden Straßen des Stadtteils.

Die Jeruzalemkerk unweit des Kantcentrum stammt aus dem 15. Jahrhundert.

Legende
— Sieben-Tages-Tour

Brüssel & Flandern entdecken

Am Korenlei, einem der schönen Kais von Antwerpen, halten viele Ausflugsschiffe.

Sieben Tage in Brüssel & Flandern

Gent – Tag ❹

Vormittags
Den **Genter Altar** *(siehe S. 36f)* sollten Sie frühzeitig besichtigen. Die Aussicht von der **Sint-Michielsbrug** an **Graslei & Korenlei** *(siehe S. 109)* ist herrlich. Das **Design Museum** *(siehe S. 111)* bietet eine riesige Sammlung.

Nachmittags
Unternehmen Sie eine **Kanalfahrt** und besuchen Sie das Volkskundemuseum **Huis van Alijn** *(siehe S. 110)*. Im idyllischen Stadtteil **Patershol** *(siehe S. 54)* kann man den Tag wunderbar ausklingen lassen.

Gent – Tag ❺

Vormittags
Per Tram erreichen Sie Gents großartige Kunstsammlungen **MSK** und **SMAK** *(siehe S. 111*; Mo geschlossen).

Nachmittags
Durch den **Citadelpark** kommen Sie zum Stadtmuseum **STAM** *(siehe S. 110)*. Dann geht es zurück ins historische Zentrum Gents.

Das Polyptychon ist die Hauptattraktion der Sint-Baafskathedraal in Gent.

Legende
━━ Sieben-Tages-Tour

0 Meter   500

Die Kathedrale überragt den mittelalterlichen Marktplatz von Antwerpen.

Antwerpen – Tag ❻
Vormittags
Bewundern Sie die Zunfthäuser und das Rathaus am **Grote Markt** *(siehe S. 101)*. Ein Muss ist die **Onze-Lieve-Vrouwekathedraal** *(siehe S. 32f)*. Auch das **Vleeshuis** *(siehe S. 102)* mit seinem Museum lohnt den Besuch.
Nachmittags
Besichtigen Sie die **Sint-Pauluskerk** *(siehe S. 104)*. Das **Museum Aan de Stroom** *(siehe S. 102)* beleuchtet die Stadtgeschichte.

Das Fotomuseum Antwerpen (FoMU) verfügt über eine umfassende Sammlung.

Antwerpen – Tag ❼
Vormittags
Das **Rubenshuis** *(siehe S. 34f)* sollten Sie möglichst früh besuchen. Weniger voll ist das **Museum Mayer van den Bergh** *(siehe S. 102f)*.
Nachmittags
Das **M HKA** *(siehe S. 104*; Mo geschlossen)* präsentiert zeitgenössische Kunst. Schauen Sie auch im **FoMU – Fotomuseum Antwerpen** *(siehe S. 104*; Mo geschlossen)* vorbei. Lassen Sie die Tour in der Altstadt von Antwerpen, am besten im **Museum Plantin-Moretus** *(siehe S. 102)*, ausklingen.

Legende
■ Sieben-Tages-Tour

Highlights

Zunfthäuser mit üppigem Figuren-
schmuck an der Grand Place, Brüssel

Highlights	12
Grand Place, Brüssel	14
Musées royaux des Beaux-Arts de Belgique, Brüssel	18
Musée des Instruments de Musique, Brüssel	20
Musée Horta, Brüssel	22
Centre Belge de la Bande Dessinée, Brüssel	26
Burg, Brügge	28
Groeningemuseum & Sint-Janshospitaal, Brügge	30
Kathedrale, Antwerpen	32
Rubenshuis, Antwerpen	34
Genter Altar	36

TOP 10 Highlights

Die vier großen Städte im Norden Belgiens verbindet ein bedeutendes kulturelles Erbe, dennoch sind sie höchst unterschiedlich. Jede der Metropolen lohnt den Besuch – mit einzigartiger Kultur, aber auch mit wunderbaren Plätzen sowie erstklassigen Restaurants, Cafés, Bars und Clubs.

1 Grand Place, Brüssel

Brüssels Zentrum ist in seiner architektonischen Wirkung noch immer einzigartig – heute wie vor 300 Jahren (siehe S. 14f).

2 Musées royaux des Beaux-Arts, Brüssel

Rubens, van Dyck, Magritte – die Museen versammeln einige der größten Namen der Kunstgeschichte (siehe S. 18f).

3 Musée des Instruments de Musique, Brüssel

Das in einem Art-nouveau-Gebäude untergebrachte »MIM« besitzt zahllose Musikinstrumente (siehe S. 20f).

4 Musée Horta, Brüssel

Victor Horta war der herausragende Architekt des Art nouveau. Sein Haus ist in jedem Detail diesem Stil verpflichtet (siehe S. 22f).

Brüssel Zentrum

5 Centre Belge de la Bande Dessinée, Brüssel

Das »Zentrum des Comics« zeigt alles über die belgische Variante dieser Kunstform – allen voran Tintin (siehe S. 26f).

Burg, Brügge ⑥

Der historische Mittelpunkt von Brügge, einst Standort der Burg, ist ein architektonisches Juwel: Den kleinen Platz umgeben faszinierende Gebäude *(siehe S. 28f)*.

⑦ Groeningemuseum & Sint-Janshospitaal, Brügge

Die großen flämischen Künstler des frühen 15. Jahrhunderts führten die Ölmalerei zu erster Vervollkommnung. Die beiden Museen zeigen ihr einzigartiges Können *(siehe S. 30f)*.

Genter Altar ⑧

Der mehrteilige Flügelaltar, den Jan van Eyck und sein Bruder Hubert schufen, zählt zu den bedeutendsten Kunst- und Kulturschätzen Europas *(siehe S. 36f)*.

⑩ Rubenshuis, Antwerpen

Das Wohnhaus von Rubens gibt einen Einblick in das Leben des Künstlers *(siehe S. 34f)*.

Kathedrale von Antwerpen ⑨

Das Wahrzeichen Antwerpens ist der größte gotische Sakralbau Belgiens. Zwei Triptychen von Rubens beherrschen den Innenraum *(siehe S. 32f)*.

TOP10 ⭐ Grand Place, Brüssel

Brüssels Grand Place oder Grote Markt ist der Mittelpunkt der Stadt und ein Meisterwerk ganzheitlicher Architektur. Die Fassaden der ehemaligen Zunfthäuser sind reich verziert. Jahrhundertelang war der Platz wirtschaftliches und administratives Zentrum: ein stolzer Rahmen für Märkte, Schauspiele und Turniere, öffentliche Verlautbarungen – und Hinrichtungen. Auch heute pulsiert hier das Brüsseler Leben.

⑤ Hôtel de Ville

Das Rathaus ist das älteste der großen Gebäude an der Grand Place. Es wurde seit dem 15. Jahrhundert oft umgebaut. Den Turm ziert eine Statue des hl. Michael.

① Le Cornet

Das Gebäude (Nr. 6) war einst das Zunfthaus der Schiffsleute. Das oberste Stockwerk ist dem Heck einer Galeone nachgebildet *(oben)*.

② Le Cygne

»Der Schwan« (Nr. 9) wurde 1698 als Wohnhaus gebaut, 1720 erwarb es die Metzgergilde. Später wurde ein Café daraus, in dem sich Karl Marx mit Vertretern der deutschen Arbeiterbewegung traf.

③ Le Renard

Auch Nr. 7 war ein Gildehaus – das der Krämer und Kurzwarenhändler. Es wurde nach 1695 wiederaufgebaut. Die Statue eines Fuchses *(Le Renard; rechts)* über dem Eingang versinnbildlicht den Hausnamen.

④ Maison des Brasseurs

Das von Guillaume de Bruyn entworfene Zunfthaus der Brauer (Nr. 10) heißt L'Arbre d'Or (»Goldener Baum«) und wird noch heute von der Confédération des Brasseries de Belgique genutzt. Es beheimatet zudem ein Biermuseum *(links)*.

Infobox

Karte C3 ▪ Métro: Gare Central

Hôtel de Ville: Führungen (Mi, So; Details siehe Website) ▪ +32 (0)2 279 2343 ▪ www.bruxelles.be/hotel-de-ville

Maison du Roi (Musée de la Ville de Bruxelles): Di–So 10–17 Uhr ▪ +32 (0)2 279 4350 ▪ Eintritt 8 €

Maison des Brasseurs (Musée de la Brasserie): tägl. 10–17 Uhr ▪ +32 (0)2 511 4987 ▪ Eintritt 5 €

▪ Es gibt zwei berühmte Bar-Restaurants an der Grand Place. Beide sind nicht gerade billig, wegen des typisch Brüsseler Stils aber den Besuch wert: Le Roy d'Espagne in Nr. 1 und La Chaloupe d'Or in Nr. 24.

▪ Brüssels zentrales Fremdenverkehrsbüro im Hôtel de Ville bietet Besuchern viele nützliche Informationen.

6 **Maison du Roi**
Das mittelalterlich wirkende »Haus des Königs« aus den 1870er Jahren beherbergt das Musée de la Ville de Bruxelles mit der Manneken-Pis-Kleiderkammer.

8 **Tapis de Fleurs**
Alle zwei Jahre (2022 ...) wird die Grand Place Mitte August mit einem »Blütenteppich« bedeckt. Millionen frischer Blumen bilden die historischen Muster *(unten)*.

Prachtvolle Umrahmung

Die Gildehäuser an der Grand Place sind größtenteils im Stil der flämischen Renaissance des späten 16. und frühen 17. Jahrhunderts gebaut, doch kaum eines ist noch im Originalzustand jener Zeit erhalten: Am 13./14. August 1695 brachten auf Geheiß Ludwigs XIV. französische Truppen unter Marschall de Villeroy ihre Kanonen in Stellung, zielten auf den Turm des Rathauses und zerstörten das Zentrum der Stadt. Dem zum Trotz bauten die Brüsseler Bürger in nur fünf Jahren ihre Grand Place wieder auf.

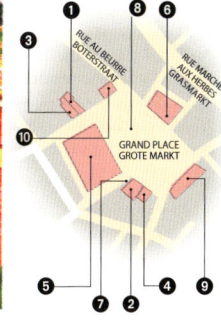

7 **Statue von Everard 't Serclaes**
Everard 't Serclaes starb 1388 in Brüssel, als er sich der Einnahme der Stadt widersetzte. Es soll Glück bringen, den Arm der Statue zu berühren *(unten)*.

9 **Maison des Ducs de Brabant**
Die Südostflanke des klassizistischen Bauwerks gestaltete Guillaume de Bruyn 1698 als einen in sieben Einheiten gegliederten Gebäudekomplex.

10 **Maison des Boulangers**
Das Zunfthaus der Bäcker weist viele Symbole auf, u. a. sechs Figuren, die für die wichtigsten Dinge beim Brotbacken stehen. Die goldene Figur auf der achteckigen Dachkuppel versinnbildlicht den Ruhm.

Rund um die Grand Place

Restaurants in der Rue des Bouchers

① Rue des Bouchers
Karte C3

Viele Straßen rund um die Grand Place lassen auf das Handwerk schließen, das dort einst ausgeübt wurde. Die »Straße der Metzger« und die Petite Rue des Bouchers sind wegen der einladenden Restaurants berühmt.

② Musée du Costume et de la Dentelle
Karte C3 ■ Rue de la Violette 12 ■ +32 (0)2 213 4450 ■ Di – So 10 – 17 Uhr ■ Eintritt

Das kleine, gleichwohl äußerst sehenswerte Museum zeigt eine erlesene Sammlung historischer Trachten und Brüsseler Spitze.

③ La Bourse
Karte B3 ■ Bruxella 1238 ■ +32 (0)2 279 4350 ■ Führungen (obligatorisch): 1. Mi im Monat ; Treffpunkt: vor der Maison du Roi, Grand Place

Die Börse wurde 1873 im Stil eines griechischen Tempels erbaut. Heute ist sie in der Hand des Börsenbetreibers NYSE Euronext und dient zuweilen auch als Ausstellungsraum. Unterhalb der Börse wurden Reste eines Klosters von

Fassadendetail an der Brüsseler Börse

1238 freigelegt. Das Musée de la Ville de Bruxelles organisiert Führungen durch »Bruxella 1238«.

④ Manneken Pis
Karte B3 ■ Ecke Rue de l´Étuve & Rue du Chêne

Niemand weiß, warum die Bronzeplastik eines urinierenden Knaben zum beliebtesten Symbol Brüssels wurde. Seit dem frühen 18. Jahrhundert werden Kleidungsstücke aller Art für ihn gefertigt – er besitzt bereits mehr als 800.

Galeries Royales Saint-Hubert

⑤ Galeries Royales Saint-Hubert
Karte C3

Die 1847 erbaute Einkaufspassage mit der fantastischen Glaskuppel zählt zu den prachtvollsten in ganz Europa.

⑥ Place Saint-Géry
Karte B3

Den Platz dominieren Les Halles de Saint-Géry, die 1881 als Fleischmarkt errichtet wurden. Heute zieht es Besucher in die Kunstgewerbeläden und Ausstellungen, die Eindrücke verarbeitet man am besten im angegliederten Café. Der Platz ist auch Treff von Nachtschwärmern.

7 **Maison Dandoy**
Karte C3 ■ Rue au Beurre 31

Hier werden seit 1829 die wohl besten Kekse Brüssels hergestellt. Im Schaufenster lockt Kleingebäck wie *speculoos* (Spekulatius), *sablés* (Butterkekse) und Waffeln.

8 **Statue des Charles Buls**
Karte C3

Auf der Place Agora steht eine Statue des Künstlers, Gelehrten und Reformpolitikers Charles Buls (1837–1914) mit Hund. Buls, der von 1891 bis 1899 Bürgermeister war, ließ die Grand Place restaurieren.

9 **Église Saint-Nicolas**
Karte C3 ■ Rue au Beurre 1
■ +32 (0)2 513 8022 ■ Mo–Fr 8–18.30, Sa 9–18, So 9–19.30 Uhr

Der heilige Nikolaus von Myra (4. Jh. n.Chr.) ist Schutzheiliger der Kaufleute. Diese ihm geweihte Kirche wurde ab dem 14. Jahrhundert von den Händlern der Grand Place besucht. Trotz der Entweihung durch protestantische Aufständische im 16. Jahrhundert, des Beschusses von 1695 und des Umbaus in den 1950er Jahren hat der Innenraum eine mittelalterliche Atmosphäre.

Église Notre-Dame du Bon Secours

10 **Église Notre-Dame du Bon Secours**
Karte B3 ■ Rue du Marché au Charbon 91 ■ +32 (0)2 514 3113 ■ Juni–Nov: tägl. 9.30–18 Uhr; Dez–Mai: 10–17 Uhr

An dieser entzückenden kleinen Kirche (1664–94) fällt der hoch emporstrebende sechseckige Chor mit Kuppeldecke auf. An der Fassade prangt das Wappen des Regenten der österreichischen Niederlande im 18. Jahrhundert, Karl von Lothringen.

Île Saint-Géry & Senne

In seiner Anfangszeit bestand Brüssel aus einer Gruppe kleiner Flussinseln in einem Sumpfgebiet. Der Legende nach stiftete der heilige Géry, Bischof von Cambrai, im 6. Jahrhundert auf einer dieser Inseln eine Kirche, um die sich eine Siedlung bildete, die Bruocsella (später Brussel/Bruxelles/Brüssel) genannt wurde. Der Name (»Haus im Sumpf«) wurde erstmals 966 erwähnt. 977 ließ Herzog Karl von Lothringen auf dieser Insel eine Burg errichten – dieses Datum gilt heute als die eigentliche Stadtgründung. Bis 1798 stand auf der Insel eine Kapelle, dann wurde diese von französischen Truppen zerstört. Die Senne, ein Nebenfluss der Schelde,

schlängelte sich noch im 19. Jahrhundert durch die Stadt. Mit steigender Einwohnerzahl wurde der Fluss zu einem Hort von Krankheiten; deshalb überbaute man die Senne zwischen 1867 und 1871.

Die Senne im Jahr 1587

TOP 10 ⭐ Musées royaux des Beaux-Arts de Belgique, Brüssel

Die »Museen der Schönen Künste« in Brüssel versammeln in ihren Abteilungen eine einmalig große Zahl berühmter Namen der Kunstgeschichte. Das Haus umfasst drei Museen: das Musée Oldmasters (15.–18. Jh.), das Musée Fin-de-Siècle (19. und 20. Jh.) und das Musée Magritte. Nirgendwo sonst lässt sich Kunst aus den Benelux-Ländern besser studieren.

Realismus bis Post-impressionismus ①

Belgische Künstler nahmen Strömungen der französischen Kunst auf, behielten aber ihre Eigenständigkeit. Hippolyte Boulenger orientierte sich an der Neuen Sachlichkeit; Émile Claus malte spätimpressionistische Szenen; Henri Evenepoel erinnert in seiner Malweise an Edgar Degas; James Ensor gilt als Vorläufer des Expressionismus *(rechts)*.

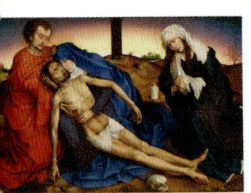

Frühe flämische Malerei ②

Hier sind einige der kostbarsten Werke des Musée Oldmasters versammelt, darunter herausragende Arbeiten von Rogier van der Weyden *(oben)*, Hans Memling, Dirk Bouts und Petrus Christus. Sie perfektionierten die Ölmalerei und beeinflussten viele italienische Künstler.

③ Sammlung Gillion Crowet (Musée Fin-de-Siècle)

Die einzigartige Art-nouveau-Sammlung umfasst Werke von Victor Horta, Émile Gallé, Alphonse Mucha und Fernand Khnopff *(unten)*.

④ Musée Oldmasters

Diese umfangreiche Sammlung zeigt Werke vom 15. bis zum 18. Jahrhundert. Vertreten sind sowohl frühe flämische Meister wie Pieter Brueghel d. Ä. als auch die Protagonisten des Goldenen Zeitalters, Rubens, van Dyck und Jordaens. Neben belgischer Kunst finden sich europäische Meister wie Claude Lorrain, Tiepolo und Jacques-Louis David.

⑤ Musée Magritte
René Magrittes Arbeiten *(oben)* sind als Reproduktionen allgegenwärtig, aber im Original umso bestechender. Die Sammlung der Musées royaux des Beaux-Arts bietet die größte Werkschau des Künstlers.

⑥ Musée Fin-de-Siècle
Dieses Museum zeigt neben Gemälden und Skulpturen des Art nouveau auch Kunsthandwerk und Architektur aus der Zeit von 1884 bis 1914.

⑦ Musée Modern
Die Abteilung mit herausragenden Werken des 20. und 21. Jahrhunderts *(unten)* erhielt mit dem Vanderborght-Gebäude (Eröffnung 2020) unweit der Grand Place eine neue Heimat.

⑧ Rubens-Sammlung
Wer glaubt, das Œuvre von Rubens bestehe vornehmlich aus mit üppigen nackten Frauen bevölkerten Szenen, den wird diese umfassende Werkschau durch ihre Spontaneität und Risikobereitschaft nachhaltig überraschen.

⑨ Die Gebäude
Das Gebäudeensemble auf dem Gipfel des Coudenberg, der alten königlichen Enklave in Brüssel, wurde von Alphonse Balat (1818–95), einem der führenden Architekten seiner Zeit, entworfen.

⑩ Belgischer Symbolismus
Der Ideenreichtum und die Kunstfertigkeit von Künstlern wie Léon Spilliaert, Jean Delville und Léon Frédéric haben dieser Kunstströmung zur Blüte verholfen.

Infobox

Karte C4 ▪ Rue de la Régence 3 ▪ +32 (0)2 508 3211 ▪ Métro: Parc, Gare Centrale ▪ www.fine-arts-museum.be

▪ Di – Fr 10–17 Uhr, Sa, So 11–18 Uhr

▪ Eintritt 10 € (Einzel), 15 € (Kombi); Kinder unter 6 Jahren frei, Jugendliche bis 25 Jahre 3 € (Kombi 5 €), Senioren über 65 Jahre 8 € (Kombi 10 €). 1. Mi im Monat ab 13 Uhr frei

....

▪ Das Museumscafé (Tel. +32 (0)2 508 3491) mit schöner Sonnenterrasse eignet sich für eine schnelle Erfrischung und einen kleinen Imbiss. Das Restaurant im Haus wurde jüngst renoviert. Eine tolle Alternative ist das Dachrestaurant des MIM (Musée des Instruments de Musique; *siehe S. 20f*). Ebenfalls in Gehweite befinden sich die Cafés der Place du Grand Sablon, darunter der exquisite *chocolatier* Wittamer *(siehe S. 78)*.
▪ Die Museen sind unter der Woche um die Mittagszeit am ruhigsten.

....

Kurzführer
Das weitläufige Musée Oldmasters ist im zweiten Stockwerk untergebracht. Die Räume des Musée Fin-de-Siècle gruppieren sich – großteils unterirdisch – um einen halbkreisförmigen Lichtschacht. Das Musée Magritte erstreckt sich über fünf Ebenen in einem angrenzenden Gebäude. Alle Museen sind einzeln zu besichtigen, wesentlich günstiger ist allerdings das Kombiticket für alle Häuser.

🔟 ⭐ Musée des Instruments de Musique, Brüssel

Das Musée des Instruments de Musique oder Muziek-instrumentenmuseum, kurz MIM genannt, besitzt eine einzigartige Sammlung. Die Ausstellung – eine Auswahl aus über 6000 Einzelstücken von der Antike bis zur Gegenwart – ist wunderbar arrangiert. Über Kopfhörer lässt sich der Klang einzelner Instrumente erleben. Das Museum befindet sich in einem klassischen Art-nouveau-Gebäude, dem einstigen Kaufhaus »Old England«.

❶ »Old England«-Gebäude

Das Gebäude von 1899 *(unten)* ist ein Paradebeispiel für die Glas-Stahl-Bauweise der Art-nouveau-Architekten. Achten Sie bei Ihrem Besuch auch ein wenig auf den Innenausbau.

❸ Saiteninstrumente

Diese Abteilung präsentiert verschiedenste Violinen, Psalter, Harfen, Lauten, Gitarren und Hackbretter sowie die Rekonstruktion einer Geigenbauerwerkstatt *(rechts)*.

❹ Instrumente des 20. Jahrhunderts

Seit dem späten 20. Jahrhundert hat die Technik großen Einfluss auf die Musik genommen – von Verstärkern über Synthesizer bis zu digital erzeugten Klängen. Diese Sammlung bietet dazu faszinierende Einblicke. Falls Sie nicht wissen, was *Ondes Martenot* sind – hier können Sie es erfahren.

❻ Mechanische Instrumente

In der Abteilung werden Erfindergeist und Einfallsreichtum der Instrumentenbauer durch die Jahrhunderte offenkundig. Zu sehen sind kunstvolle Spieldosen, ein *Carilon* (Glockenspiel) und mehr.

❺ Instrumente aus aller Welt

Das MIM widmet sich auch der Musikethnologie. Es zeigt Panflöten, Sitars, afrikanische Harfen und Trommeln, Gamelan-Orchesterinstrumente und tibetische Hörner *(unten)*.

❷ Historischer Überblick

Hier wird die Entwicklung abendländischer »Kunst«-Instrumente von der Antike über die Renaissance bis in die Neuzeit erklärt. Per Kopfhörer erlebt man die zunehmende Vielfalt der Klänge.

7 Restaurant MIM

Auch wenn Sie gerade keine Stärkung benötigen: Fahren Sie mit dem Lift in den neunten Stock, um die Aussicht zu genießen. Vom Restaurant reicht der Blick bis zur Statue des hl. Michael auf dem Rathausturm sowie zur Basilique Nationale und dem Atomium.

Siebenfache Posaune von Adolphe Sax

10 Audioführer

Über Kopfhörer – sie werden kostenlos zur Verfügung gestellt – hört man automatisch den Klang des Instruments, vor dem man gerade steht.

Legende
- Untergeschoss
- Erdgeschoss
- Erster Stock
- Zweiter Stock
- Dritter Stock
- Vierter Stock
- Siebter Stock
- Neunter Stock

8 Tasteninstrumente

Besonders sehenswert sind die Cembali aus der Werkstatt der Ruckers, die ab dem 16. Jahrhundert in Antwerpen wirkten.

9 Folkloreinstrumente

Die faszinierende Sammlung europäischer Folkloreinstrumente umfasst Flöten, Rasseln, Akkordeons, Drehleiern und sogar belgische Glastrompeten.

Infobox

Karte D4 ■ Rue Montagne de la Cour 2 ■ +32 (0)2 545 0130 ■ Métro: Parc, Gare Central ■ www.mim.be

■ Di – Fr 9.30 –17 Uhr, Sa, So 10 –17 Uhr

■ Eintritt 10 € (1. Mi im Monat ab 13 Uhr frei)

■ Das Restaurant MIM in der obersten Etage bietet Erfrischungen aller Art und kleine Mittagsgerichte wie Pasta, Salate oder Sandwiches zu vernünftigen Prei-sen. Wenn hier zu viel los ist, kann man auf die Cafés an der nahen Place du Grand Sablon ausweichen. ■ Rechnen Sie damit, dass Sie mindestens zwei Stunden für den Besuch des Museums benötigen, vermutlich sogar drei bis vier Stunden. Das MIM schließt um 17 Uhr; letzter Einlass ist um 16.15 Uhr.

Kurzführer

Das Museum nimmt vier der zehn Etagen des Gebäudes ein. Im Untergeschoss gibt es mechanische Instrumente und Exponate aus dem 20. Jahrhundert, im Erdgeschoss volkstümliche Instrumente zu sehen. Die Ausstellung über die Historie westlicher Musikinstrumente mit vielen Tasten- und Saiteninstrumenten belegt den ersten und den dritten Stock. Im vierten Stock befindet sich eine Bibliothek (Zutritt nach Vereinbarung), im siebten ein Konzertsaal. Das Restaurant liegt ganz oben. Es gibt Treppen und einen Lift.

🔟 ⭐ Musée Horta, Brüssel

Ende des 19. Jahrhunderts war Brüssel Zentrum für avantgardistisches Design. Für ihre Entwürfe griffen die hiesigen Architekten auf historische Muster zurück. Diesem Eklektizismus setzte Victor Horta 1893 einen neuen, später »Art nouveau« genannten Stil entgegen. Sein Wohnhaus zeigt die in Buntglas, Schmiedeeisen, Mosaiken, Wandgemälden und Holzarbeiten ausgeführten stiltypischen Elemente.

Gebäude
Für seine Auftraggeber schuf Horta ganz individuelle Entwürfe. Beim Bau seines eigenen, zweiteiligen Hauses *(rechts)* mit Atelier und Büros brachte er den neuen Stil zur vollen Entfaltung.

Möbel
Horta entwarf auch die Möbel für seine Häuser. Obwohl sie typische Art-nouveau-Merkmale aufweisen, sind Hortas Möbelstücke einfach, zweckmäßig und dezent.

Holzarbeiten
Der Art nouveau verbindet Strenge mit Luxus. Die Schnitzereien im Speisezimmer sind naturbelassen, damit der Charakter des Holzes richtig zur Geltung kommt.

Modell der Maison du Peuple
Horta baute viele öffentliche Gebäude – von denen nur wenige erhalten sind. Die Maison du Peuple schuf der Architekt 1895 für die Société Coopérative. Ein Modell des Gebäudes ist im Keller des Musée Horta zu sehen.

Art-nouveau-Skulpturen
Im ganzen Haus finden sich von belgischen Künstlern im ausgehenden 19. Jahrhundert geschaffene Skulpturen. Die Bronzefigur *La Ronde des Heures (unten)* im rückwärtigen Salon im ersten Stock schuf Philippe Wolfers (1858–1929), der oft mit Horta zusammenarbeitete.

Eisenstrukturen
Zu Hortas Zeit galt es noch als gewagt, Häuser mit Eisenkonstruktionen zu bauen. Horta ließ bewusst einige Streben unverkleidet und verzierte sie mit Schmiedeeisenarbeiten, um die Aufmerksamkeit darauf zu lenken *(links)*.

Bleigefasstes Glas
Bleigefasstes Glas – Scheiben, die durch Bleistreifen zusammengehalten werden – regte die Art-nouveau-Architekten zu künstlerischen Formen an, die z. B. bei Türen und Oberlichtern zu sehen sind.

⑧ Mosaiken
Die geschwunge-nen Linien der Art-nou-veau-Muster bei den wunderbaren Bodenmo-saiken des Speisezim-mers *(links)* mildern die Strenge der Wand- und Deckenfliesen.

Victor Horta
Victor Horta (1861–1947), Sohn eines Schus-ters aus Gent, befasste sich schon im Alter von 13 Jahren mit Architek-tur. 1893 begründete er mit der Gestaltung des Hôtel Tassel *(siehe S. 48)* seinen Ruhm. Danach entwarf er Wohnhäuser, Kaufhäuser und öffent-liche Bauten. Als Art nou-veau nach dem Ersten Weltkrieg aus der Mode kam, entwickelte Horta einen strengeren Stil, der z. B. beim Palais des Beaux-Arts zu sehen ist. Im Jahr 1932 wurde Horta Baron.

Infobox
Karte C8 ■ Rue Améri-caine 27, Saint-Gilles, Brüssel ■ +32 (0)2 543 0490 ■ Tram: 81, 91, 92, 97 (Place Janson) ■ www.hortamuseum.be

■ Di – Fr 14 – 17.30, Sa, So 11 – 17.30 Uhr (letzter Ein-lass 17 Uhr)

■ Eintritt 10 € (Jugend-liche bis 18 Jahren 3 €)

■ An der Place du Châte-lain gibt es viele Cafés und Bars. Wenn Sie vor der Museumsöffnung um 14 Uhr preiswert essen wollen, gehen Sie in das La Canne en Ville *(siehe S. 87)*. Designer-Flair fin-den Sie in der Rue du Page im Restaurant La Quincaillerie (»Eisenwa-renhandlung«) aus dem Jahr 1903 *(siehe S. 87)*.

■ Das Museum liegt inmitten mehrerer Art-nouveau-Gebäude, die die Rue Defacqz, Rue Fai-der und Rue Paul-Émile Janson säumen. Auch das Hôtel Hannon *(siehe S. 48)* liegt nicht weit entfernt.

⑨ Treppenhaus
Die Innenarchitektur wird vom Treppenhaus dominiert, in das durch die obere Glaskonstruktion Tageslicht fällt. Das eiserne Treppengeländer ist Art-nouveau-typisch verziert *(oben)*.

⑩ Elemente der Ausstattung
Horta war ein *ensemblier* par excellence, der ein Gebäude bis ins Detail gestaltete, inklusive der Lampen, Tür-klinken und Kleiderhaken. Nichts blieb dem Zufall überlassen – so entstand der Eindruck umfassender Meisterschaft *(rechts)*.

Folgende Doppelseite Cathédrale des Saints Michel et Gudule, Brüssel

TOP 10 ★ Centre Belge de la Bande Dessinée, Brüssel

Tintin (dt.: *Tim & Struppi*) ist nur einer von Hunderten Comic-Helden, die Belgien im Lauf des letzten Jahrhunderts hervorbrachte. Der Comic *(bande dessinée)* wird oft als »neunte Kunst« bezeichnet. Das Centre Belge de la Bande Dessinée (CBBD) erläutert die Geschichte und die Produktion von Comics und stellt die Schöpfer und Hauptfiguren berühmter Reihen vor.

① L'invention de la Bande Dessinée

Die Ausstellung zeigt Anfänge und Entwicklung der Kunstform *(unten)*. Die Geschichte des Comics wird länder- und kulturübergreifend anhand zahlreicher Exponate illustriert.

④ Gebäude

Das CBBD (sprich: »sébébédé«) ist in den einstigen Magasins Waucquez ansässig. Das mit viel Glas und Gusseisen prächtig ausgestattete Art-nouveau-Gebäude *(rechts)* schuf Victor Horta 1903 bis 1906 *(siehe S. 49)*.

② L'Art de la BD

Diese Abteilung ermöglicht anhand zahlreicher Originalzeichnungen Einblicke in die Entstehung eines Comics. Künstler unterschiedlichster Stilrichtungen stellten hierfür Skizzen und Studien zur Verfügung, die die vielen Entwicklungsprozesse sehr anschaulich illustrieren.

⑤ Buchhandlung Slumberland

Der Name des Ladens bezieht sich auf die Reihe *Little Nemo in Slumberland*.

⑥ Schlümpfe

Diese Dauerausstellung ist den beliebten Schlümpfen und ihrem Schöpfer, dem Comiczeichner Peyo *(siehe S. 42)*, gewidmet.

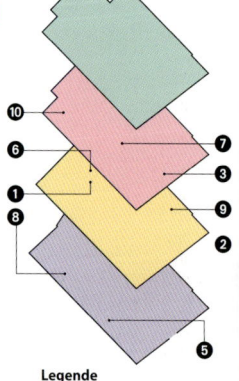

③ Auditorium Pieter de Poortere

Die von Pieter de Poortere geschaffene Figur *Dickie* wurde auch fürs Kino adaptiert. Zu sehen sind sowohl Comics als auch Zeichentrickfilme.

Legende
- ⬛ Erdgeschoss
- ⬛ Erster Stock
- ⬛ Zweiter Stock
- ⬛ Dritter Stock

(7) Horta et les magasins Waucquez

Auch die Geschichte des früheren Kaufhauses und Art-nouveau-Juwels wird vorgestellt *(links)*.

(8) Bibliothek

Der Lesesaal der Bibliothek steht allen Besuchern des Museums zur Verfügung.

Tim & Struppi

Die Karriere Tintins begann 1929, als er erstmals in der Beilage zu *Le Petit Vingtième* erschien. Sein in Brüssel geborener Erfinder Hergé (Georges Rémi) entwickelte die Figur weiter und ließ Tintin (dt. Tim) zahlreiche Abenteuer bestehen. Oft bezogen sich diese auf die Zeitgeschichte, so etwa in *König Ottokars Zepter* auf den beginnenden Faschismus. Tintins Charme liegt in seiner naiven Entschlossenheit; hinzu kommen archetypische Figuren wie Kapitän Haddock, Professor Bienlein und Tims treuer Hund Struppi.

(9) La Gallery

Der Ausstellungsraum widmet sich den aktuellen Strömungen, Stilrichtungen und technischen Entwicklungen sowie neuen Publikationen der Comic-Kunst. Hier lassen sich auch junge internationale Künstler entdecken.

Infobox

Karte D2 ▪ Rue des Sables 20
▪ +32 (0)2 219 1980 ▪ Métro: Gare Central
▪ www.cbbd.be
▪ Mi – So 10 –18 Uhr
▪ Eintritt 10 € (Kinder bis 11 Jahre 5 €)

▪ Die Brasserie Horta im CBBD eignet sich bestens für Erfrischungen oder ein Mittagessen. Nicht weit entfernt gibt es an der Grand Place eine Fülle von Cafés und Restaurants. Noch näher liegt das Traditionslokal À La Mort Subite *(siehe S. 78)*.

▪ Das CBBD möchte Kennern die Entwicklung einer Kunstgattung aufzeigen und dient weniger der Unterhaltung von Kleinkindern – vor allem, wenn sie weder Französisch noch Niederländisch verstehen. Führungen in mehreren Sprachen können über die Website gebucht werden.

(10) Tintin

Größter Held des CBBD ist natürlich Hergés berühmter Reporterjunge. Die Comics, bei uns als *Tim & Struppi* bekannt *(unten)*, wurden in rund 40 Sprachen übersetzt und erreichten weltweit eine Auflage von mehr als 140 Millionen. Das Museum würdigt das Werk u. a. mit 3-D-Modellen der Hauptfiguren.

TOP 10 ★ Burg, Brügge

Brügge entstand um 862 als Burg im Sumpf-gebiet der Reye. Die Burg selbst ist verschwunden, doch der reizende Platz an ihrer Stelle trägt noch den Namen und bildet das historische Herz der Stadt. Das eindrucksvollste Gebäude am Platz ist das Stadhuis. Das spätgotische Rathaus stammt aus der Zeit, als Brügge ein bedeutendes Handelszentrum war. Fast jedes der Häuser an dem Platz birgt ein faszinierendes Geheimnis.

❶ Breidelstraat
Die malerische Straße verbindet die Burg mit dem Markt, dem größten Marktplatz von Brügge. Hier findet man neben Souvenirs auch Brügges berühmte Spitze.

❷ Blinde Ezelstraat
Die Gasse (oben) führt unter einem Bogen hindurch, der Oude Civiele Griffie und Stadhuis verbindet. »Blinde-Esel-Straße« bezieht sich auf eine Kneipe, in der es billiges Bier gab.

❹ Heilig-Bloedbasiliek
An der Westseite der Burg liegt die romanische Basilika (rechts), die im 19. Jahrhundert neugotisch umgebaut wurde. Das Museum zeigt eine Phiole mit den »Blutstropfen Christi«.

❸ Renaissancezaal, Brugse Vrije
Durch den ehemaligen Gerichtssaal der Oude Civiele Griffie gelangt man in den Saal, der den Kaminsims Kaiser Karls V., ein Meisterwerk der Schnitzkunst (16. Jh.), birgt.

5 Stadhuis

Brügges Rathaus, ein mittelalterlicher Profanbau *(oben)*, ist Ausdruck für das einstige Selbstbewusstsein der Stadt. Es wurde von 1376 bis 1420 im spätgotischen Flamboyantstil erbaut und später umfassend restauriert.

Blick auf Stadhuis und Burg

6 Proosdij

Die Propstei (1622) im Norden des Platzes zeigt den üppigen flämischen Barockstil. Auf der Dachbrüstung befindet sich eine Statue der Justitia.

7 Landhuis van het Brugse Vrije

Das Herrenhaus (18. Jh.) war einst Sitz der »Brügger Freien«, der Verwaltung und Gerichtsbarkeit einer großen Region um die Stadt. Brügge selbst verwaltete sich unabhängig.

8 Basiliuskapelle

Unter der Heilig-Bloedbasiliek liegt eine zweite Kapelle von gänzlich anderem Charakter. Sie wurde im 12. Jahrhundert erbaut und ist ein schönes Beispiel für den wuchtigen romanischen Baustil. Die Kapelle ist das älteste Gebäude im historischen Zentrum der Stadt.

9 Oude Civiele Griffie

Die »Alte Kanzlei« (1534–37), eines der wenigen Renaissancebauwerke Brügges, birgt das Museum Brugse Vrije.

10 Nordseite

Der moderne Pavillon von Toyo Ito entstand 2002 an der Stelle der verschwundenen Kathedrale *(siehe Kasten)* zur Feier Brügges als Kulturhauptstadt Europas.

Die verschwundene Kathedrale

Bilder vom Stadtzentrum Brügges vor 1799 zeigen an der Nordseite der Burg noch die Sint-Donaaskerk. Die erste Kirche an dieser Stelle entstand in den Gründungszeiten der Stadt, Jan van Eyck wurde hier bestattet. Der Bau wurde später vergrößert und war ab 1559 die Kathedrale der Stadt. Französische Revolutionstruppen zerstörten die Kirche während der Besetzung Brügges. Ausgegrabene Reste des Fundaments sind im Hotel Crowne Plaza *(siehe S. 127)* zu besichtigen.

Infobox

■ Karte L4 ■ Bus: Markt

Renaissancezaal van het Brugse Vrije: Burg 11a ■ tägl. 9.30–12.30, 14–17 Uhr ■ Eintritt im Ticket für Stadhuis enthalten

Heilig-Bloedbasiliek, Basiliuskapelle: Burg 13 ■ tägl. 9.30–12, 14–17 Uhr (Museum: 11.30–12, 14–16 Uhr) ■ Eintritt Schatkamer (Museum) 2,50 €

Stadhuis: Burg 12 ■ tägl. 9.30–17 Uhr ■ Eintritt 6 € (inkl. Audioguide & Zutritt zum Renaissancezaal; Kinder unter 18 Jahren frei)

■ Das historische Café De Garre *(siehe S. 97)* nahe der Burg bietet Getränke und Snacks.

■ Alle Sehenswürdigkeiten der Burg sind auf engstem Raum gruppiert und lassen sich bequem in zwei Stunden besichtigen.

TOP 10 ⭐ Groeningemuseum & Sint-Janshospitaal, Brügge

Die beiden Häuser besitzen exquisite Werke spätmittelalterlicher Kunst, darunter Werke von Jan van Eyck und Hans Memling. Das Groeningemuseum ist eine kleine, reizvolle Gemäldegalerie. Für die Kapelle des Sint-Janshospitaal schuf Memling mehrere beeindruckende Gemälde.

1 Ursula-Legende

Die Bildtafeln des Brügger Meisters zeigen die Geschichte der Königstochter und ihrer 11 000 Jungfrauen, die in Köln von den Hunnen grausam hingerichtet wurden *(links)*.

4 Das Jüngste Gericht

Hieronymus Bosch (ca. 1450–1516) ist für seine albtraumhaften Gemälde voller Seelenängste und Höllenqualen berühmt. Das Bild gibt Einblick in das damalige religiöse Empfinden.

2 Ursula-Schrein

Im Jahr 1479 vollendete Hans Memling das etwa einen Meter lange Reliquiar *(unten)*, das auf 14 Bildtafeln detailliert von der Legende der hl. Ursula erzählt.

Infobox

Groeningemuseum:
Karte L4 ▪ Dijver 12
▪ +32 (0)50 44 87 43
▪ Bus: 1, 6, 11, 12, 16 (Dijver)
▪ Di – So 9.30 – 17 Uhr
▪ Eintritt 8 € (Kinder unter 12 Jahren frei)

Sint-Janshospitaal: Karte K5 ▪ Mariastraat 38
▪ Bus: 1, 6, 11, 12, 16 (O.L.V. Kerk)
Di – So 9.30 – 17 Uhr
▪ Eintritt 8 € (Kinder unter 12 Jahren frei)

▪ Das Groeningemuseum liegt nahe dem Stadtzentrum mit Cafés und Restaurants *(siehe S. 97)*.

▪ Der Museumspass (32 €) berechtigt an drei aufeinanderfolgenden Tagen zum Eintritt in 14 Museen in Brügge, u. a. das Groeningemuseum und das Sint-Janhospitaal.

3 Die Anbetung der Könige

Das in der Kapelle des Sint-Janshospitaal ausgestellte Werk schuf Memling 1479. Es ist als Triptychon des Jan Floreins bekannt; den Kunstmäzen sieht man links auf dem Mittelpaneel knien *(rechts)*.

⑤ Triptychon des Willem Moreel

Das Werk gab Willem Moreel, Bürgermeister von Brügge, 1484 bei Hans Memling in Auftrag. Moreel ist auf der linken Tafel zu sehen, seine Frau auf der rechten.

⑧ Secret-Reflet

Das klassisch-symbolistische Werk aus dem Jahr 1902 von Fernand Khnopff (1858–1921) enthält ein Bild des Sint-Janshospitaal. Der Titel ist ein Wortspiel über die »Reflexion« der beiden Bilder.

Brügges Goldenes Zeitalter

Unter den Herzögen von Burgund blühte Brügge auf; 1429 wurde es zur Hauptstadt Burgunds. Die Oberschicht kam zu Reichtum und förderte die Künste nach Kräften. Die Herzöge von Burgund verbanden sich durch Heirat mit europäischen Königshäusern: Philipp der Gute ehelichte Isabella von Portugal, Karl der Kühne Margarete von York. Die Hochzeiten waren rauschende Feste – Stoff für abendländische Sagen. Diese Lebenswelt wurde in den Bildern flämischer Maler verklärt.

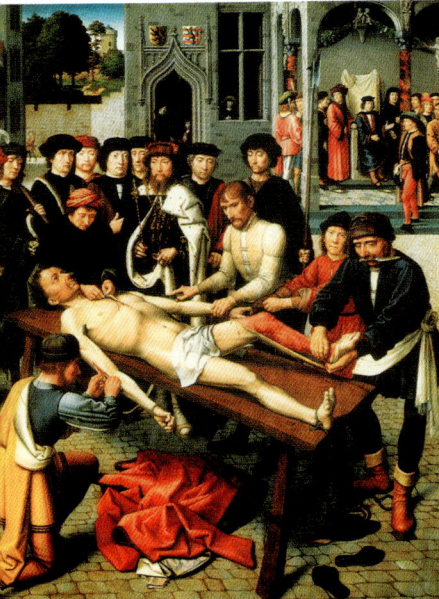

⑩ Madonna des Kanonikus Georg van der Paele

Das bedeutendste Werk der Sammlung im Groeningemuseum wurde 1436 von Jan van Eyck mit großer Liebe zum Detail gemalt.

⑥ Das Urteil des Cambyses

Brügge beging 1488 den Fehler, Maximilian, den Regenten der Niederlande, gefangen zu nehmen. Das große Flügelbild von Gerard David (für das Rathaus) mit der grausigen Häutung des korrupten Richters (oben) kommt einer Entschuldigung gleich.

⑨ Martyrium des heiligen Hippolyt

Das Triptychon (1465–1475) von Dieric Bouts und Hugo van der Goes zeigt auf einer Tafel die grausame Vierteilung des Heiligen durch Pferde und dabei Anwesende, die ihren Blick vom verstörenden Geschehen abwenden (rechts).

⑦ Triptychon der hl. Johannes der Täufer und Johannes der Evangelist

Das Werk von Hans Memling (1479) würdigt die beiden Schutzpatrone des Sint-Janshospitaal.

TOP10 ★ Kathedrale, Antwerpen

Antwerpens Onze-Lieve-Vrouwekathedraal ist nicht nur die größte gotische Kirche Belgiens, sie zählt auch zu den schönsten. Der grazile Turm ist das Wahrzeichen der Stadt. Selbst nach der Bauzeit von 170 Jahren war die Kathedrale nicht ganz fertiggestellt. Trotz Bränden und Verwüstungen im 16. und 18. Jahrhundert besitzt sie noch heute viele wertvolle Kunstschätze, darunter zwei Triptychen von Rubens.

① Die Kreuzaufrichtung
Dieses Triptychon *(unten)* und die *Kreuzabnahme* auf der anderen Seite des Schiffes förderten Rubens' Ansehen in Antwerpen. Vor allem Mittelbild und rechter Seitenflügel lassen den kraftvollen Malstil des Meisters, ein Markenzeichen Rubens', erkennen.

② Wandmalereien
Einige der verwitterten oder übermalten Original-Wandgemälde wurden von Restauratoren in Fragmenten gerettet.

③ Kanzel
Kanzeln aus Eichenholz mit kunstvollen Schnitzereien gibt es in vielen belgischen Kirchen. Das Motiv dieser Kanzel, die Verkündigung des Evangeliums auf den »vier« Erdteilen, ist mit Vögeln, Bäumen, Engeln, Heiligen und symbolischen Figuren illustriert.

④ Kirchenschiff
Die Weite des Raumes, viel Glas und die Höhe des Schiffes mit Rippengewölbe lassen das Innere der Kathedrale hell, luftig und erhaben wirken. Die Säulen zum Seitenschiff besitzen keine Kapitelle, sondern gehen direkt in gotische Bogen über *(oben)*.

⑤ Burgundisches Fenster
Ein Großteil der herrlichen originalen Buntglasfenster der Kathedrale ist noch erhalten. Das Burgundische Fenster *(links)* ist das älteste (1503). Es zeigt Philipp den Schönen (1478–1506), Herzog von Burgund, und Johanna von Kastilien mit Schutzheiligen.

Turm ⑥

Der elegante Turm der Kathedrale *(rechts)* wurde im 16. Jahrhundert erbaut. Er ist 123 Meter hoch. Zur Spitze hin werden die gotischen Stilelemente zunehmend gewagter. Vergleichbarer Art ist nur der Turm des Brüsseler Hôtel de Ville aus etwa derselben Zeit.

⑨ Kuppel

Von außen wirkt die Kuppel wie eine abgestufte Zwiebel. Innen erkennt man, dass die Fensterreihen das Licht auf Cornelis Schuts Deckengemälde *Mariä Himmelfahrt* (1647) lenken. Es ensteht der Eindruck, man blicke direkt in den Himmel.

⑩ Erhöhung der Jungfrau Maria durch die Kunst

Im 19. Jahrhundert wurde die Kathedrale durch Renovierung vor dem Verfall bewahrt. Die Rekonstruktion des mittelalterlichen Flairs einiger Kapellen hinter dem Chor ist hervorragend gelungen. Albert de Vriendts Triptychon lehnt sich an den Stil van Eycks an.

⑦ Madonna von Antwerpen

Die kleine Holzstatue *(oben)* ist seit dem 16. Jahrhundert Gegenstand der Anbetung. Sie trägt wechselnde Gewänder und Kronen.

⑧ Schyven-Orgel

Das Instrument ist von einem herrlichen Gehäuse umgeben, das drei führende Bildhauer des 17. Jahrhunderts schufen.

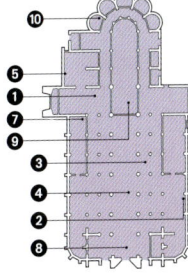

Bilderstürmer & französische Revolutionäre

Die Kathedrale von Antwerpen war einst überaus reich geschmückt, doch zwei Ereignisse fügten ihr großen Schaden zu: In den 1560er Jahren plünderten protestantische Bilderstürmer die Kirchen und entwendeten Statuen, Gemälde und Reliquien. In den 1790er Jahren fiel die marodierende Soldateska der Französischen Revolution über die Kirchen her, zerstörte sie oder nutzte sie als Ställe, Lagerhäuser, Kasernen oder Fabriken.

Infobox

- Karte T2
- Groenplaats 21
- +32 (0)3 213 9951
- Tram: Groenplaats
- www.dekathedraal.be

- Mo – Fr 10 –17 Uhr, Sa 10 –15 Uhr, So, Feiertage 13 –17 Uhr

- Eintritt 8 € (unter 18 Jahren frei)

■ In der Nähe der Kathedrale gibt es viele Cafés und Restaurants. Das Gasthaus Het Vermoeide Model *(siehe S. 106)* ist direkt an die Kathedrale gebaut. Het Elfde Gebod *(siehe S. 107)* in Torfbrug verfügt über eine Terrasse, seine Innenräume sind mit sakralen Plastiken geschmückt.

■ Die Melodien der 49 Glocken erklingen stündlich. Zudem finden Mo, Mi & Fr ab 12 Uhr, im Sommer auch Mo ab 20 Uhr Carillon-Konzerte statt, bei denen die Glocken vom Spieler über eine Klaviatur angeschlagen werden.

TOP 10 ⭐ Rubenshuis, Antwerpen

1610 sah sich der Hofmaler Peter Paul Rubens (1577–1640) – soeben aus Italien zurückgekehrt – in der Lage, ein großes Haus in Antwerpen zu erwerben. Darin wohnte und arbeitete er bis zu seinem Tod. 1937 erwarb die Stadt das Anwesen, es wurde restauriert und mit Möbeln aus der Zeit Rubens' eingerichtet. Heute besticht es durch historischen Charme und die Möglichkeit, den Entstehungsort großer Kunstwerke zu besichtigen.

Peter Paul Rubens

① Gebäude
Das Haus *(oben)* besteht aus zwei um einen Hof gebauten Flügeln. Links vom Eingang liegt die ältere Hälfte im flämischen Stil. Hier befand sich der Wohnbereich. Im rechten Teil, den Rubens im Barockstil entwarf, liegen die Arbeitsräume.

② Salon
Bemerkenswert in dem schönen Raum sind die Wandbehänge: Geprägtes spanisches Leder diente in den Häusern von Wohlhabenden als eine Art Tapete.

③ Küche
Die hübsche kleine Küche mit den gekachelten Wänden und dem offenen Herd ist typisch für Flandern. Beachten Sie die Topfhaken, mit denen man die Kessel unterschiedlich hoch über das Feuer hängen konnte. Hier entstanden deftige flämische Gerichte.

④ Barocker Säulengang
Den verzierten Portikus entwarf Rubens im italienischen Barockstil als Verbindung zwischen den beiden Gebäudeteilen. Er bildet auch das beeindruckende Portal zum formstrengen Garten.

⑤ Speisezimmer
Essen und Trinken spielten im gesellschaftlichen Leben des Künstlers eine zentrale Rolle. Blickfang im prächtigen Speisezimmer *(rechts)* ist Rubens' Selbstporträt, eines von vier erhaltenen des Meisters.

⑥ Bildergalerie
Das Gemälde *Die Kunstkammer des Cornelis van der Geest* zeigt, wie Rubens' Galerie wohl ausgesehen hat – jeder Zentimeter mit Bildern behängt *(oben)*.

⑦ Kleines Schlafgemach

Augenfällig ist das Kastenbett aus dem 17. Jahrhundert, in dem man fast sitzend schlief, um die Verdauung zu fördern.

Legende

■ Erdgeschoss
■ Erster Stock

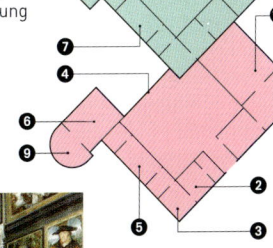

Größe & Schwung

Rubens begann bereits im Alter von 13 Jahren mit seiner Ausbildung zum Maler, doch erst die acht in Italien verbrachten Jahre (1600–1608) formten ihn künstlerisch. Sein Werk stand im Einklang mit Dimension und Dynamik barocker Architektur, der Gegenreformation und dem prachtvollen Leben an europäischen Höfen. Unermüdlich arbeitend schuf er mit seinen Assistenten über 2000 große Gemälde.

⑨ Halbrundes Museum

Den vom römischen Pantheon inspirierten eleganten Raum nutzte Rubens regelmäßig für die Ausstellung seiner reichen Skulpturensammlung. Heute ist hier u. a. eine antike marmorne Büste des Seneca zu sehen.

⑩ Atelier

In dem riesigen Raum *(unten)* schuf Rubens mit Gehilfen und Schülern sein umfangreiches Werk. Zu den hier aufgereihten Bildern gehört auch das unvollendete Gemälde *Heinrich IV. in der Schlacht von Ivry* (um 1628–30).

⑧ Großes Schlafgemach

Der Raum, in dem Rubens starb, birgt einen Kabinettschrank aus Eichen- und Ebenholz. Diesen zieren mythologische Motive, die auf Rubens-Gemälden basieren.

Infobox

Karte U2 ■ Wapper 9–11
■ +32 (0)3 201 1555
■ Premetro: Meir
■ www.rubenshuis.be

■ Di – So 10–17 Uhr

■ Eintritt 8 € (Besucher von 12 – 25 Jahren und über 65 Jahren 6 €; unter 12 Jahren frei; letzter Mi im Monat frei)

■ Neben dem Haus befindet sich das Café-Restaurant Rubens Inn für einen Imbiss oder ein Mittagsmenü. Gleich um die Ecke liegt das modernere Grand Café Horta *(siehe S. 106)*.

■ Im Rubenshuis herrscht vor allem im Sommer zu den Hauptbesuchszeiten Hochbetrieb. Wenn Sie bei Ihrer Besichtigung etwas mehr Ruhe wünschen, kommen Sie gleich morgens um zehn.

■ Die kostenlose Antwerp Museum App für iOS und Android bietet einen Audioführer durch zahlreiche Museen der Stadt, so auch durch das Rubenshuis.

TOP10 ★ Genter Altar

Die Sint-Baafskathedraal in Gent birgt einen der größten Kunstschätze Mitteleuropas: Der Genter Altar, ein riesiges, von den Brüdern Hubert und Jan van Eyck gemaltes Polyptychon (1432), zeigt die Heilsgeschichte. Dass das Werk erhalten blieb, grenzt an ein Wunder. 1566 wurde es vor protestantischen Bilderstürmern gerettet, 1822 vor einem Brand. Teile des Altars wurden 1794 von französischen Soldaten geraubt, 1816 verkauft und 1934 gestohlen. Das Original wurde restauriert und ist in einer Kapelle der Kathedrale ausgestellt.

1 Polyptychon

Das Altarbild *(oben)* besteht aus zwölf Tafeln, vier in der Mitte und je vier auf den Flügeln. Die untere Reihe stellt die Spiritualität der Welt und Gottes auserwähltes Volk dar, die obere das Himmelreich mit Adam und Eva zu beiden Seiten.

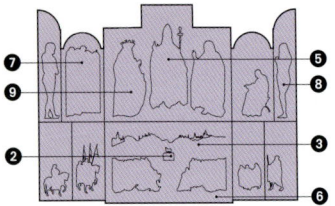

Infobox

Karte Q2 ▪ Sint-Baafs-kathedraal, Sint-Baafsplein ▪ +32 (0)9 269 2045 ▪ Tram: Duivelsteen ▪ www.sintbaafs kathedraal.be

▪ Zeiten variieren (bitte der Website entnehmen).

▪ Eintritt 4 € (Jugendliche von 7–12 Jahren 1,50 €)

▪ Rund um die Kathedrale liegen nette Cafés, darunter die Brasserie De Foyer im ersten Stock der Schouwburg. Von der Terrasse des Lokals überblickt man den Platz *(siehe S. 113)*.

▪ Kommen Sie beizeiten, da die Kapelle mit dem Altarbild pünktlich schließt. Tickets sind bis 15 Minuten, Audioführer bis 30 Minuten vor Schließung erhältlich.

▪ Die äußeren Bildtafeln sind von 12 bis 13 Uhr zugeklappt *(siehe S. 37)*.

⑤ Gott der Allmächtige

Die zentrale Figur der oberen Reihe ist Gott. Er trägt ein leuchtend rotes Gewand und eine juwelenbesetzte Mitra. In der Hand hält er ein Zepter, zu seinen Füßen liegt eine Krone. Das Antlitz strahlt Ruhe und Güte aus *(links)*.

② Lamm Gottes

Im Zentrum der Tafel *(unten)* steht das Lamm Gottes, dessen Blut auf einen Altar strömt. Vier Gruppen nähern sich ihm: Märtyrerinnen, Gestalten des Neuen Testaments und der Kirchengeschichte, Patriarchen und Propheten des Alten Testaments sowie Gläubige.

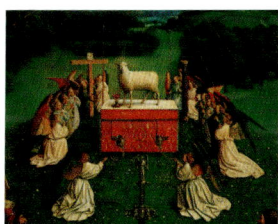

③ Himmelsstadt

Im Hintergrund des Mittelbildes erheben sich die Türme des idealisiert dargestellten Jerusalem.

④ Inschrift

Im 19. Jahrhundert wurde eine Inschrift freigelegt, die die Brüder van Eyck als Schöpfer des Genter Altars rühmt.

Einfluss auf die europäische Kunst

Den flämischen Malern, allen voran Jan van Eyck (ca. 1390–1441), wird gern die Erfindung der Ölmalerei zugeschrieben, was übertrieben sein mag. Fest steht jedoch, dass die Flamen diese Technik perfektionierten. Antonello da Messina, Vorreiter der Ölmalerei in Italien, erlernte die Kunst angeblich von den flämischen Meistern. Die Vorteile gegenüber Tempera- oder Freskomalerei waren offenkundig. Italienische Künstler übernahmen die Technik und führten sie im Italien der Hochrenaissance zur Blüte.

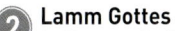

⑧ Eva

Die realistische Darstellung von Adam und Eva empörte Jan van Eycks Zeitgenossen. Heute noch fällt ihre Nacktheit neben all den üppig gewandeten Figuren auf *(links)*. Die beiden Körper zeigen van Eycks Kenntnis der menschlichen Anatomie.

⑥ Blumen

Die zahlreichen, detailgetreu dargestellten Blüten sind Ausdruck der Überzeugung, dass alles in der Natur Gottes Schöpfung ist.

⑦ Musizierende Engel

Auf einer Seite der oberen Reihe singt ein himmlischer Chor *(links)*, auf der anderen spielt ein Engelsorchester. Die einzelnen Figuren sind äußerst detailliert gemalt.

⑨ Maria

Die Gestalt der Maria sagt viel über das mittelalterliche Ideal weiblicher Schönheit aus. Sie hat feine Züge, trägt Juwelen und ist in ihre Lektüre vertieft.

⑩ Äußere Bildtafeln

Die Seitenflügel lassen sich zuklappen und zeigen auf ihrer Außenseite Bilder in gedämpften Farben. Dies betont beim Öffnen die Farbwirkung des Inneren.

Themen

Zahlreiche Biersorten in der
Huisbrouwerij De Halve Maan, Brügge

Historische Ereignisse   40

Stars & Legenden   42

Maler   44

Kirchen   46

Art-nouveau-Gebäude
  in Brüssel   48

Museen   50

Kunstsammlungen   52

Unbekanntes Brüssel
  & Flandern   54

Kinder   56

Theater, Tanz & Musik   58

Belgische Biersorten   60

Shopping   62

Kostenlose Attraktionen   64

Feste & Veranstaltungen   66

Ausflüge   68

TOP10 Historische Ereignisse

1 Ab 58 v. Chr.: Julius Caesar

Zwar musste das römische Heer im Kampf gegen den mutigen Stamm der »Belgae« wiederholt Rückschläge hinnehmen, doch schließlich siegte Rom. Belgien wurde für ca. 400 Jahre römische Provinz.

2 843: Reichsteilung

Im Vertrag von Verdun wurde das Frankenreich, das unter Karl dem Großen seinen Höhepunkt erlebte, in West-, Mittel- und Ostreich aufgeteilt. Lothar I. erhielt das mittlere Reich, aus dem dann Flandern und Wallonien hervorgingen.

3 1302: Goldsporenschlacht

Im Mittelalter litt Flandern unter der französischen Tyrannei, was zu einem Volksaufstand führte. In der Goldsporenschlacht fügten flämische Aufständische dem französischen Ritterheer eine schmähliche Niederlage zu.

Szene der Goldsporenschlacht

4 1384: Das Haus Burgund

Als Ludwig, Herzog von Flandern, 1384 starb, erbte Philipp der Kühne (1342–1404), Herzog von Burgund, den Titel. Die Herzöge von Burgund dehnten ihre Herrschaft über die ganzen Niederlande aus. Unter der Regierung von Philipp dem Guten (1419–67) erblühte die Region. Die Hauptstadt Brügge war Zentrum eines Handelsimperiums.

5 1568: Religionsstreit

Karl V., Kaiser des Heiligen Römischen Reiches und König von Spanien, erbte 1515 die burgundischen Gebiete. Die Reformation leistete erbitterten Widerstand. 1568, zur Zeit Philipps II., wurden die Grafen Egmont und Hoorn auf der Grand Place hingerichtet, da sie die Verfolgung von Protestanten verurteilt hatten. Nach dem Aufstand der Niederlande wurde das Gebiet in den protestantischen Norden (Niederlande) und den katholischen Süden (heutiges Belgien) geteilt.

6 1815: Schlacht von Waterloo

Als die Spanischen Niederlande 1714 an Österreich fielen, kam es zu einem Aufstand. 1795 annektierte Frankreich das Land. Napoleonische Willkür spaltete das Volk; die Belgier kämpften auf beiden Seiten, bis Napoléon 1815 bei Waterloo vernichtend geschlagen wurde *(siehe S. 69).*

Der Vertrag von Verdun, ein entscheidender Moment in Belgiens Geschichte

(7) 1830: Belgische »Septemberrevolution«

Der Wiener Kongress von 1814/15 hatte Belgien dem Königreich Niederlande unterstellt. 1830 kochte der Volkszorn über. Die Belgier erklärten ihre Unabhängigkeit und vertrieben die niederländische Armee aus Brüssel.

Szene der Septemberrevolution

(8) 1914–1918: Erster Weltkrieg

Bei Ausbruch des Ersten Weltkrieges drangen deutsche Truppen ins neutrale Belgien ein. Die Belgier stoppten das Vorrücken, indem sie weite Gebiete fluteten. Die Front kam bei Ieper *(siehe S. 69)* zum Stehen. 500 000 Menschen starben hier.

(9) 1940–1944: Zweiter Weltkrieg

In Wiederholung der Geschichte griff Deutschland im Mai 1940 das neutrale Belgien an, um die französische Maginotlinie zu umgehen und nach Frankreich einzurücken. Brüssel wurde im September 1944 von den Alliierten befreit.

(10) 1957: Römische Verträge

Als Opfer zweier Weltkriege unterstützten die Belgier begeistert die Römischen Verträge von 1957, die den Grundstein zur Europäischen Union legten. Brüssel wurde »Hauptstadt Europas«.

Top 10 Historische Persönlichkeiten

1 Balduin Eisenarm
Balduin (gest. 878), erster Graf von Flandern, errichtete in Brügge eine Festung.

2 Pieter de Coninck & Jan Breydel
De Coninck, ein Weber, und Breydel, ein Metzger, führten im Jahr 1302 den flämischen Aufstand gegen die Franzosen an.

3 Philipp der Kühne
Der Herzog leitete in den Niederlanden die burgundische Epoche ein, als er 1384 die Herrschaft über Brüssel und Flandern erbte.

4 Philipp der Gute
Philipp, 1419 bis 1467 Herzog von Burgund, stiftete den Orden vom Goldenen Vlies und war ein wichtiger Förderer der Künste.

5 Karl V.
Kaiser Karl V. (1500–1558), in Gent geboren, beherrschte das größte Reich Europas seit dem Römischen Imperium.

6 Isabella & Albert
Der glanzvolle Hof der Infantin Isabella (1566–1633) und des Erzherzogs Albert (1559–1621) steht für eine ruhige Zeit der spanisch-katholischen Habsburger-Ära.

7 Karl Alexander
Der Lothringer, 1744 bis 1780 Statthalter der Österreichischen Niederlande, etablierte die Aufklärung in Brüssel.

8 Léopold I.
Der erste König Belgiens herrschte von 1831 bis 1865.

9 Léopold II.
Belgiens zweiter König regierte von 1865 bis 1909 *(siehe S. 84)*. Er war für seine Kolonialpolitik berüchtigt.

10 Paul-Henri Spaak
Der Politiker (1899–1972) war 1937/38 sozialistischer Premier und trieb später die europäische Integration voran.

König Léopold I.

TOP 10 Stars & Legenden

Hergé signiert eines seiner »Tim und Struppi«-Bücher

1 Gerard Mercator

Die meisten Landkarten in Schulatlanten beruhen noch heute auf der »Mercator-Projektion«: eine geniale Methode, die Erdrundung eindimensional darzustellen. Mercator (1512–1594; latinisiert aus De Kremer) schuf und betitelte den ersten »Atlas«.

2 Georges Simenon

Der französischsprachige Schriftsteller Georges Simenon (1903–1989) stammte aus Lüttich. Seine bekannteste Figur Kommissar Maigret tritt in 75 seiner insgesamt rund 400 Romane auf.

3 Hergé

Georges Remi (1907–1983) stammte aus dem Brüsseler Vorort Etterbeek. Als Zeichner war er Autodidakt. 1929 veröffentlichte er die Geschichte *Tintin au Pays des Soviets* – damit war der berühmteste Comic-Held Belgiens geboren. Seither wurden weltweit 200 Millionen *Tintin*-Hefte (in rund 50 Sprachen) verkauft. Für sein Pseudonym drehte Georges Remi seine Initialen um und sprach sie französisch aus.

4 Peyo

Pierre Culliford (1928–1992) wurde in Brüssel geboren und war unter seinem Pseudonym Peyo ein berühmter Comiczeichner. Seine erfolgreichste Kreation sind die Schlümpfe *(siehe S. 26)*.

5 Jacques Brel

Éditions Jacques Brel: Karte C3 ▪ Place de la Vieille Halle aux Blés 11, Brüssel ▪ +32 (0)2 511 1020 ▪ Di – Sa 12 –17.30 Uhr (Aug: Di – So) ▪ Eintritt ▪ www.jacquesbrel.be

Jacques Brel (1929–1978) gilt als einer der größten französischsprachigen Chansonniers. Er erzielte seinen Durchbruch in Frankreich, blieb aber seinen belgischen Wurzeln verbunden. Die Jacques-Brel-Stiftung in Brüssel widmet sich seinem Leben und Werk.

6 Johnny Hallyday

Belgien erhebt Anspruch auf den in Paris geborenen »Paten des französischen Rock 'n' Roll« Johnny Hallyday (1943–2017), da dessen Vater Belgier war. Während seiner künstlerischen Laufbahn verkaufte Hallyday über 100 Millionen Platten. In seiner

Gerard Mercator

Karriere als Schauspieler beeindruckte er die Kritiker 2003 mit seiner Darstellung der Titelfigur in *L'Homme du Train* (Der Mann im Zug).

7 Eddie Merckx

Radfahren spielt in Belgien eine große Rolle, und kein Name genießt dort ein derart hohes Ansehen wie der von Eddie Merckx (geb. 1945), dem fünffachen Sieger der Tour de France (1969–1972 und 1974).

8 Jean-Claude van Damme

Erst war Jean-Claude van Damme (geb. 1960) Karatekämpfer, dann Gelegenheitsarbeiter in Kalifornien. Schließlich wurde er mit Actionthrillern wie *Karate Tiger* (1986), *Cyborg* (1989) und *Universal Soldier* (1992) bekannt.

Eddie Merckx während eines Rennens

9 Justine Henin

Die 1982 geborene Tennisspielerin Justine Henin errang 2003 ihren ersten Grand-Slam-Sieg bei den French Open und gewann die US Open. Mit ihrem zweiten Sieg bei den US Open 2007 holte sie den siebten Grand-Slam-Titel.

10 Eden Hazard

Hazard (geb. 1991) steht für eine neue Generation belgischer Fußballer. Seit 2019 spielt er bei Real Madrid. Weitere international erfolgreiche Spieler sind Romelu Lukaku und Thibaut Courtois.

Weitere Persönlichkeiten Belgiens

Formel-1-Legende Jacky Ickx

1 Andreas Vesalius
Vesalius (1514–1564), der »Vater der modernen Anatomie«, war Leibarzt von Karl V. und Philipp II. von Spanien.

2 Adolphe Sax
Sax (1814–1894), der Erfinder des Saxofons, entwickelte eine ganze Reihe neuartiger Musikinstrumente.

3 Pater Damien
Der Priester (1840–1889) widmete sein Leben den Leprakranken auf Hawaii und wurde 2009 heiliggesprochen.

4 Victor Horta
Der Art-nouveau-Architekt führte den Jugendstil zur Vollendung *(siehe S. 22f)*.

5 Léo-Hendrik Baekeland
Der Chemiker (1863–1944) erfand das Bakelit, den ersten synthetischen Kunststoff.

6 Henri van de Velde
Der führende Designer (1863–1957) des Art nouveau schuf die Grundlagen für die Bauhaus-Bewegung.

7 Jacky Ickx
Ickx (geb. 1945) zählte in den 1960er und 1970er Jahren zu den großen Formel-1-Rennfahrern.

8 Anne Teresa De Keersmaeker
Die Choreografin (geb. 1960) reformierte das Tanztheater.

9 Dries van Noten
Der gefeierte Modeschöpfer (geb. 1958) trug maßgeblich dazu bei, dass Antwerpen heute eine führende Rolle in der Haute Couture spielt.

10 Matthias Schoenaerts
Der Schauspieler (geb. 1977) wurde durch Filme wie *Am grünen Rand der Welt* (2015) international bekannt und 2013 als bester Nachwuchsdarsteller mit dem César ausgezeichnet.

10 **Maler**

Triptychon *Altar der sieben Sakramente* (Detail) von Rogier van der Weyden

1 **Rogier van der Weyden**

Van der Weyden (um 1400–1464), einer der führenden frühen flämischen Maler, ist für die starke Emotionalität seiner Werke bekannt, zu sehen ist dies etwa bei *Die sieben Sakramente* im Koninklijk Museum voor Schone Kunsten in Antwerpen *(siehe S. 101)*. Er wirkte meist in Brüssel und stieg nach Jan van Eycks Tod zum bedeutendsten Maler des Landes auf.

2 **Jan van Eyck**

Die brillante Technik und die Detailtreue der Arbeiten Jan van Eycks (um 1390–1441) sind in Bildern wie *Madonna des*

Statue Jan van Eycks

Kanonikus Georg van der Paele (siehe S. 31) und beim Genter Altar *(siehe S. 36f)* unverkennbar. Van Eyck beeinflusste mit seinem Werk die italienische Renaissance.

3 **Hans Memling**

Der in Deutschland geborene Hans Memling (um 1433–1494) wurde vermutlich von Rogier van der Weyden in Brüssel ausgebildet. Anschließend zog er nach Brügge, wo er den Rest seines Lebens verbrachte. Memling war einer der führenden Künstler seiner Zeit *(siehe S. 30f)*.

4 **Pieter Brueghel d. Ä.**

Im 16. Jahrhundert suchten flämische Künstler oft Inspiration in Italien, wodurch sie ihre klare, »nördliche« Sehweise verwischten. Brueghel (um 1525–1569) widersetzte sich dieser Tendenz und malte, was er um sich sah, in einem ganz eigenen Stil. Seine Bilder vom Landleben berühren durch ihre »Naivität«.

Rubens und Hélène Fourment im Garten (1631), Peter Paul Rubens

5 **Peter Paul Rubens**

Fast alle großen flämischen Maler des 16. Jahrhunderts bildeten sich in Italien fort, doch keiner profitierte davon so stark wie Peter Paul Rubens (1577–1640), der ab Mai 1600 fast acht Jahre in der Heimat von Tizian und Veronese verbrachte. Rubens verband die kraftvolle flämische Technik mit italienischer Eleganz zu einer Kunst voller Schwung und Dynamik.

Vier Kirchenlehrer, Jordaens

6 Jacob Jordaens
Nach dem Tod von Rubens stieg sein Mitarbeiter Jacob Jordaens (1593–1678) zum führenden Maler Antwerpens auf. Seine allegorischen Bilder strahlen die Lebensfreude der Barockzeit aus.

7 Anton van Dyck
Anton van Dyck (1599–1641), ein Schüler von Rubens, erreichte in vielem dessen Technik und Themenvielfalt, ist aber vor allem wegen seiner Porträts berühmt. Er wurde der Hofmaler Charles' I von England, der ihn in den Adelsstand erhob.

8 James Ensor
Die Bilder von James Ensor (1860–1949), einem der großen Exzentriker der Kunstgeschichte, sind von Skeletten, Masken und grässlichen Karikaturen bevölkert.

9 Paul Delvaux
Einige der berühmtesten surrealistischen Bilder stammen von Paul Delvaux (1897–1994): sinnliche, tranceartige Szenen mit schläfrigen nackten Schönheiten in kulissenhafter Architektur.

10 René Magritte
Die traumartig wirkenden Gemälde René Magrittes (1898–1967) sind neben Salvador Dalís Werken beispielhaft für den Surrealismus. Das Musée Magritte in Brüssel (siehe S. 86) gestattet tiefe Einblicke in Leben und Werk des Künstlers.

Weniger bekannte Namen

1 Constantin Meunier
Der Bildhauer und Maler (1831–1905) ist vor allem für seine Bronzeplastiken von Arbeitern bekannt (siehe S. 85).

2 Émile Claus
»Luminismus« heißt die Technik des postimpressionistischen Malers (1849–1924) lichter ländlicher Szenen.

3 Jean Delville
Einer der einfallsreichsten Symbolisten (1867–1953) schuf grelle Visionen satanischer Mächte.

4 Léon Frédéric
Der Symbolist (1856–1940) verband sozialen Realismus mit poetischen Visionen.

5 Fernand Khnopff
Die rätselhaften Bilder des Symbolisten (1858–1921) sind durchdrungen von unterdrückter Sexualität.

6 Léon Spilliaert
Seine oft schwarz-weißen Bilder von großer Originalität sind dem Symbolisten (1881–1946) leicht zuzuordnen.

7 Rik Wouters
Die Arbeiten des Malers und Bildhauers (1882–1916) sind voller Licht, Schwung und einem speziellen Charme.

8 Constant Permeke
Dunkle raue Strukturen kennzeichnen die meist sozialkritischen Bilder des Malers (1886–1952) der Latemer Schule.

9 Panamarenko
Der Künstler (1940–2019) schafft in surrealistischer Tradition Maschinen und zeigt in Installationen ihr Versagen.

10 Luc Tuymans
Der 1958 in Mortsel geborene Maler wird für seine figurative Bildsprache international gefeiert, aber auch immer wieder massiv kritisiert.

Bords de la Lys (1920), Émile Claus

TOP 10 Kirchen

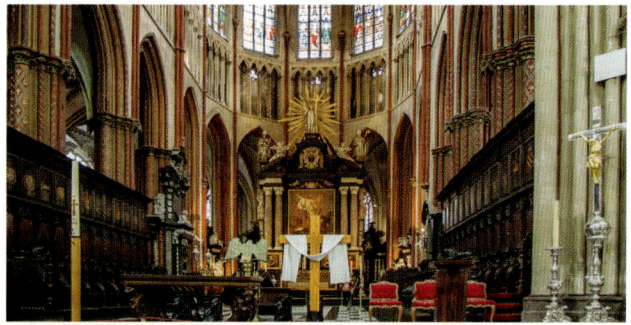

Majestätisches Hauptschiff der Sint-Salvatorskathedraal, Brügge

① Cathédrale des Saints Michel et Gudule, Brüssel

Die Kathedrale von Brüssel, ein Kalksteinbau im Stil der Brabanter Gotik, ist Belgiens Nationalkirche. Hier finden königliche Hochzeiten statt *(siehe S. 74f)*.

② Église Saint-Jacques-sur-Coudenberg, Brüssel

Karte D4 ▪ Place Royale ▪ +32 (0)2 511 7836 ▪ Mo 12–14, Di – Fr 12–17.45, Sa 13–18, So 8.30–18.45 Uhr

Der Glockenturm der markanten Kirche steht abseits vom Hauptbau, der eher wie ein römischer Tempel wirkt *(siehe S. 68)*.

③ Église Notre-Dame du Sablon, Brüssel

Die von großen Buntglasfenstern erhellte Kirche der Bogenschützen (15. Jh.) ist ein schönes Beispiel der Brabanter Gotik *(siehe S. 73)*.

④ Église Saint-Jean-Baptiste au Béguinage, Brüssel

Die Fassade im Stil des flämischen Barocks entspricht kaum der Geschichte der Kirche als Mittelpunkt einer Beginen-Gemeinschaft. Im Inneren kann man den Geist der Nächstenliebe und Mäßigung spüren *(siehe S. 75)*.

⑤ Sint-Salvators-kathedraal, Brügge

Das erhabene, düstere Äußere der größtenteils gotischen Kirche entspricht ihrem Rang als Kathedrale von Brügge. Die Ursprünge der Kirche liegen in frühchristlicher Zeit. Der Turm im mittelalterlichen Stil stammt aus dem späten 19. Jahrhundert *(siehe S. 94)*.

⑥ Onze-Lieve-Vrouwekerk, Brügge

Die eindrucksvollste Kirche Brügges besitzt einen schlanken, im strengen Stil der Schelde-Gotik gestalteten Turm. Das Interieur wurde seit dem 13. Jahrhundert immer wieder ergänzt. Der größte Schatz der Kirche, Michelangelos *Madonna mit Kind*, wurde 1514 von einem reichen Kaufmann gestiftet *(siehe S. 92)*.

⑦ Sint-Jacobskerk, Antwerpen

Das reich geschmückte Innere ist Hinweis, dass die Kirche in ihrer besten Zeit (17. Jh.) von den wohlhabenden

Grabmal, Sint-Jacobskerk

Bürgern Antwerpens besucht wurde – so auch von Rubens, der hier in der Familiengruft beim Hochaltar beigesetzt ist *(siehe S. 103)*.

Sint-Baafskathedraal, Gent

Die Kathedrale von Gent *(siehe S. 109)* beeindruckt architektonisch mit dem emporstrebenden gotischen Schiff und dem barocken Chor. Publikumsmagnet ist indes der berühmte Genter Altar der Brüder Jan und Hubert van Eyck *(siehe S. 36f)*.

Sint-Niklaaskerk, Gent

Das Innere der schönsten Kirche von Gent wurde im Rahmen einer Restaurierung gründlich gereinigt. Es wirkt jetzt licht und freundlich, das gotische Mauerwerk kommt wieder voll zur Geltung *(siehe S. 109)*.

Onze-Lieve-Vrouwekathedraal

⑩ Onze-Lieve-Vrouwekathedraal, Antwerpen

Nur einer der beiden Türme der Kathedrale wurde vollendet. Die Kirche trägt die Spuren eines langen Kampfes um die Fertigstellung. Der riesige Innenraum lässt erahnen, welch gewaltige Dimensionen die Bauherren anstrebten, und ist perfekter Rahmen für zwei einzigartige Triptychen von Rubens *(siehe S. 32f)*.

Baustile

Portal im gotischen Stil

1 Romanik
Rundbogen und stämmige Säulen prägen die Architektur (10.–12. Jh.).

2 Gotik
Spitzbogen erlauben lichte, emporstrebende Konstruktionen (13.–16. Jh.).

3 Schelde-Gotik
Die formstrenge Variante der Gotik (13./14. Jh.) ist im Norden Belgiens im Gebiet um die Schelde verbreitet.

4 Brabanter Gotik & Flamboyantstil
Diese zierlichere Art der Gotik (14./15. Jh.) fand oft bei Rathäusern Anwendung, so z. B. beim Stadhuis in Brügge.

5 Renaissance
Der elegante Baustil ist beeinflusst von den Vorbildern griechischer und römischer Architektur (15.–17. Jh.).

6 Barock
Auf viele Betrachter wirkt dieser üppige, prunkvoll überladene Stil (17./18. Jh.) etwas schwülstig.

7 Klassizismus
In Abkehr vom Barock griff man bewusst auf klassische Muster wie Tempelformen zurück (18./19. Jh.).

8 Neugotik
Die Wiederaufnahme gotischer Stilelemente (19. Jh.) ist eine Art des Historismus.

9 Art nouveau
Der Jugendstil (spätes 19. & frühes 20. Jh.) suchte mit organischen, vegetabilen Ornamenten einen neuen, nicht historisierenden Ansatz, daher der Begriff »neue Kunst«.

10 Art déco
Der Name des ornamentalen Stils bei einfachen Formen (1920er/1930er Jahre) leitet sich von der Kunstgewerbeausstellung in Paris (1925) her.

TOP10 Art-nouveau-Gebäude in Brüssel

Raum im Musée Horta

① Musée Horta
Das Wohnhaus und Atelier Victor Hortas, des großen Meisters der Art-nouveau-Architektur, ist ein Paradebeispiel konsequenter Gestaltung *(siehe S. 22f)*.

② Hôtel Tassel
Rue Paul-Émile Janson 6, Ixelles
Das von Victor Horta erbaute Haus gilt als das erste Art-nouveau-Gebäude (1893–95). Bis dahin hatten die wohlhabenden Belgier ihre Villen in den sich ausbreitenden Vororten der Städte nach gängigen Stilrichtungen gestalten lassen: maurisch, mittelalterlich, toskanisch etc. Horta setzte dem einen eigenen Stil entgegen. Das Hôtel Tassel war die Privatvilla eines Ingenieurs und wurde sorgfältig dessen persönlichen Wünschen und den Bedürfnissen seines Lebensstils angepasst – was späteren Besitzern die Nutzung nicht gerade erleichterte.

③ Hôtel Saint-Cyr
Karte G3 ▪ Square Ambiorix 11
Der Art nouveau neigte zu Übertreibungen. Die allgegenwärtigen Schleifen und Rundungen sowie ein rundes Panoramafenster im obersten Stock dieses Hauses zeugen davon. Es entstand 1900 für den Maler Saint-Cyr.

④ Hôtel Hannon
Karte G2 ▪ Avenue de la Jonction 1, Saint-Gilles
Der Architekt Jules Brunfaut entwarf das 1903/04 erbaute Privathaus für den Industriellen, Maler und Fotografen Édouard Hannon im Stil des Art nouveau. Anlässlich regelmäßig organisierter Ausstellungen lassen sich die ungewöhnlich gestalteten Innenräume der Villa besichtigen.

⑤ Centre Belge de la Bande Dessinée
Victor Horta entwarf 1903 das Kaufhaus Magasins Waucquez. In den 1970er Jahren wurde das Gebäude restauriert, seit 1989 beherbergt es das Comic-Museum *(siehe S. 26f)*.

⑥ La Maison Cauchie
Rue des Francs 5, Etterbeek
▪ +32 (0)2 733 8684 ▪ 1. Wochenende jeden Monats 10–13, 14–17.30 Uhr
▪ Eintritt ▪ www.cauchie.be
Die Fassade des ehemaligen Hauses des Malers Paul Cauchie (1875–1952) prägen geometrische Formen und Art-nouveau-Malereien.

Fassadendetail der Maison Cauchie

Musée des Instruments de Musique, Brüssel

Der Art nouveau wurde nach dem berühmten Londoner Kaufhaus auch »Liberty-Stil« genannt. Das Kaufhaus »Old England« in Brüssel spiegelt diesen Modetrend wider. Es beherbergt das MIM *(siehe S. 20f)*.

 Le Falstaff
Karte B3 ◾ Rue Henri Maus 19
◾ +32 (0)2 511 5759

Die 1903 eröffnete Brasserie besitzt noch immer das Flair jener Zeit. Die Innenausstattung ist durch und durch Art nouveau – Möbel, Buntglasfenster, Spiegel und Leuchten.

Art-nouveau-Juwel Le Falstaff

 Hôtel Solvay
Avenue Louise 224, Ixelles

Der Industrielle Ernest Solvay beauftragte den noch recht unbekannten 33-jährigen Victor Horta mit dem Bau dieses Hauses. Die geschwungene Fassade mit ihren auffälligen schmiedeeisernen Elementen etablierte Horta als Meister der Art-nouveau-Architektur.

Hôtel Ciamberlani
Rue Defacqz 48, Ixelles

Der Künstler Albert Ciamberlani (1864–1956) schuf das riesige Wandgemälde im Säulengang der Cinquantenaire-Anlage *(siehe S. 51)*. Er beauftragte 1897 Paul Hankar (1859–1901), einen führenden Art-nouveau-Architekten seiner Zeit, mit dem Bau von Haus und Atelier. Die individuelle dekorative Wirkung der Fassade beruht auf der kunstvollen Kombination von Eisen, Stein und Ziegeln.

Architektur-Highlights

MAS, Antwerpen

1 Jeruzalemkerk, Brügge
Die byzantinisch beeinflusste Kirche (15. Jh.) ist inspiriert durch eine Pilgerfahrt ins Heilige Land *(siehe S. 95)*.

2 Palais de Justice, Brüssel
J. Poelaert ließ bei dem riesigen Bau augenscheinlich kein klassizistisches Stilmittel aus *(siehe S. 76)*.

3 Pavillon Chinois / Tour Japonaise, Brüssel
Die zwei fernöstlichen Gebäude wirken im Parc de Laeken etwas deplatziert.

4 Serres Royales de Laeken, Brüssel
Die Königlichen Gewächshäuser aus den 1870er Jahren sind großartig *(siehe S. 86)*.

5 Cinquantenaire-Triumphbogen, Brüssel
Eine Bronzequadriga krönt den 45 Meter hohen klassizistischen Bogen am Parc du Cinquantenaire *(siehe S. 51)*.

6 Centraal Station, Antwerpen
Louis Delacenseries Bahnhof ist ein klassizistisches Stilgemisch *(siehe S. 65)*.

7 Palais Stoclet, Brüssel
Karte H2 ◾ Avenue de Tervuren 279, Woluwe Saint-Pierre
Die von Josef Hofmann und Gustav Klimt gestaltete Villa erregte einst ungeheures Aufsehen.

8 MAS, Antwerpen
Das 2011 eröffnete, aufregende Volkskundemuseum ist in einem 62 Meter hohen Turm untergebracht *(siehe S. 102)*.

9 Atomium, Brüssel
Das gigantische Modell eines Eisenkristalls wurde für die Weltausstellung von 1958 errichtet *(siehe S. 82)*.

10 Basilique Nationale du Sacré-Cœur, Brüssel
Die Kirche (20. Jh.) ist ein bemerkenswertes Art-déco-Bauwerk *(siehe S. 86)*.

⏹🔟 Museen

① Musées royaux d'Art et d'Histoire, Brüssel

Belgiens Sammlung historischer Schätze ist in einem Palais untergebracht. Die Exponate reichen von mittelalterlichen Kirchenkleinodien über Teppiche, Art-nouveau-Skulpturen und -schmuck zu antiken Kleidungsstücken und archäologischen Funden. Dies ist eines von drei Museen im Parc du Cinquantenaire *(siehe S. 84)*.

② Musée des Instruments de Musique, Brüssel

»Le MIM« in einem klassischen Art-nouveau-Gebäude zählt zu den größten Sehenswürdigkeiten Brüssels. Der Reiz der Exponate wird dadurch gesteigert, dass man über Kopfhörer den Klang der Instrumente hören kann *(siehe S. 20f)*.

③ Volkskundemuseum, Brügge

Das Museum zeigt, in welch armseligen Verhältnissen die einfachen Leute im Brügge des 19. und frühen 20. Jahrhunderts oft lebten. Haushaltsgegenstände und Werkstätten führen den Wandel, der sich in den letzten anderthalb Jahrhunderten vollzogen hat, eindrucksvoll vor Augen *(siehe S. 95)*.

Schätze des Musée Charlier, Brüssel

④ Musée Charlier, Brüssel

Das Museum bietet die seltene Gelegenheit, das Innere eines *maison de maître* (Herrschaftshauses) zu sehen. Neben antiken Möbeln birgt die Kulturstätte viele Erinnerungsstücke an die Zeit, als sich hier die Avantgarde des 20. Jahrhunderts zu treffen pflegte *(siehe S. 74)*.

⑤ Museum Aan de Stroom (MAS), Antwerpen

In dem 62 Meter hohen Museumsturm im Hafenviertel von Antwerpen sind drei ethnologisch-volkskundliche Sammlungen untergebracht. Die Aussicht vom Dach des Museums ist allein den Eintritt wert *(siehe S. 102)*.

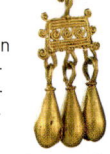

Exponat des Museum Aan de Stroom, Antwerpen

⑥ Gruuthusemuseum, Brügge

In dem historischen Gebäude wird seit über 100 Jahren eine stetig wachsende Sammlung von Gegenständen des täglichen Lebens gezeigt. Die Exponate reichen vom »Goldenen Zeitalter« Brügges bis in das 19. Jahrhundert hinein *(siehe S. 93)*.

Küchenstube im Volkskundemuseum

Cinquantenaire

Triumphbogen am Parc du Cinquantenaire

Das Zeitalter der großen internationalen Messen begann mit der Weltausstellung von 1851 im Londoner Hyde Park. König Léopold II. wollte 1880 mit einer ähnlichen Ausstellung den 50. Jahrestag *(cinquantenaire)* der Gründung Belgiens feiern. Auf einem Sumpfgelände östlich des Brüsseler Stadtzentrums sollte der Architekt Gédéon Bordiau zwei Ausstellungskomplexe errichten, verbunden durch eine halbkreisförmige Kolonnade. Zwar wurde der Bau zum Jubiläum 1880 nicht fertig, man arbeitete jedoch weiter und nutzte das Gelände später für Messen und Ausstellungen. Der Triumphbogen mit der Quadriga wurde schließlich zum 75-jährigen Jubiläum Belgiens im Jahr 1905 fertiggestellt. Er dient am östlichen Rand des Parks als Eingang. Bordiaus mit einem Tonnengewölbe versehene nördliche Ausstellungshalle beherbergt nun das Musée Royal de l'Armée et d'Histoire Militaire. Das südliche Gegenstück wurde im Jahr 1946 durch einen Brand zerstört; der Ersatzbau ist Teil der Musées royaux d'Art et d'Histoire. Im Parc du Cinquantenaire befinden sich auch die Autoworld, das Atelier de Moulage und der Pavillon Horta *(siehe S. 84)*.

7 Musée Horta, Brüssel
Das Museum macht das künstlerische Potenzial des Art nouveau anschaulich. Das Gebäude war Wohnhaus von Victor Horta, dem »Vater« der Art-nouveau-Architektur *(siehe S. 22f)*.

8 Design Museum Gent
Wer Interesse an antiken Möbeln und der Geschichte des Innendesigns hat, wird von diesem Museum begeistert sein. Es zeigt den Stilwandel von der häuslichen Eleganz des 17. Jahrhunderts bis zur Ungezwungenheit der Postmoderne *(siehe S. 111)*.

9 Huis van Alijn, Gent
Das Volkskundemuseum, das in von der Familie Alijn im 14. Jahrhundert gestifteten Armenhäusern untergebracht ist, besitzt einen riesigen Fundus an Gebrauchsgegenständen, wie sie einfache Leute in Flandern besaßen *(siehe S. 110)*.

Museum Plantin-Moretus, Antwerpen

10 Museum Plantin-Moretus, Antwerpen
Die Druckerei war ein Jahrhundert nach Gutenbergs Erfindung des Buchdrucks im 16. Jahrhundert führend in Europa. Zwischen Druckerpresse, Setzkästen und Druckplatten erleben Besucher die spannende Atmosphäre, in der der Buchdruck die Verbreitung von Ideen und Wissen in Aussicht stellte *(siehe S. 102)*.

TOP 10 Kunstsammlungen

Der Bauernadvokat (1621) von Pieter Brueghel dem Jüngeren im MSK, Gent

1 Museum voor Schone Kunsten (MSK), Gent

Das Museum der Schönen Künste besitzt eine bunte Sammlung, die einige herausragende Werke beinhaltet. Es ist nur ein paar Schritte vom SMAK entfernt *(siehe S. 111)*.

2 Musée d'Ixelles, Brüssel

Die kleine Kunstsammlung stellt Werke von Meistern wie Magritte, Rembrandt, Toulouse-Lautrec und Picasso, aber auch führende Belgier wie Léon Spilliaert aus. Das Museum liegt in Ixelles *(siehe S. 84)*.

3 Koninklijk Museum voor Schone Kunsten (KMSKA), Antwerpen

Eine der großen Kunstsammlungen Europas ist wegen Renovierung geschlossen. Bis zur Wiedereröffnung werden Schlüsselwerke der Sammlung in Wechselausstellungen an verschiedenen Orten der Stadt gezeigt *(siehe S. 101)*.

4 Musées royaux des Beaux-Arts, Brüssel

Die Königlichen Museen verfügen über wunderbare Sammlungen mit Werken von Meistern wie Brueghel, Rubens und Jordaens. Das Musée Fin-de-Siècle zeigt Kunst des 19. Jahrhunderts und Art nouveau, während das Musée Magritte das singuläre Œuvre des großen Surrealisten würdigt *(siehe S. 18f)*.

5 Musée Meunier, Brüssel

Das Wohnhaus des Bildhauers Constantin Meunier (spätes 19. Jh.) widmet sich heute als Museum dessen Werken. Die Plastiken dokumentieren die scharfe sozialkritische Haltung des Künstlers *(siehe S. 85)*.

6 Van Buuren Museum, Brüssel

Die sehenswerte private Kunstsammlung befindet sich in einem hübschen Art-déco-Haus inmitten eines reizenden gepflegten Gartens *(siehe S. 83)*.

Koninklijk Museum, Antwerpen

7 Groeningemuseum, Brügge

Brügges bedeutendstes Kunstmuseum ist für seinen einzigartigen Reichtum an flämischen Meistern des »Goldenen Zeitalters« berühmt *(siehe S. 30f)*.

8 Sint-Janshospitaal, Brügge

Die Gemälde Hans Memlings waren für die Kapelle des mittelalterlichen Hospitals zur Tröstung der Kranken bestellt worden. Nach der Restaurierung von Krankensälen und Kapelle kann man die prachtvolle Sammlung wieder in der ursprünglichen Umgebung sehen *(siehe S. 30f)*.

9 Stedelijk Museum voor Actuele Kunst (SMAK), Gent

Das Haus moderner Kunst veranstaltet Ausstellungen mit neuesten Werken führender Künstler, verfügt aber auch über eine bedeutende eigene Sammlung. Die präsentierten Arbeiten provozieren Anhänger und Skeptiker gleichermaßen zur Stellungnahme *(siehe S. 111)*.

M HKA, Antwerpen

10 Museum van Hedendaagse Kunst (M HKA), Antwerpen

Der Standort des Museums im aufstrebenden einstigen Hafenviertel der Stadt ist mottobildend: Das M HKA zeigt exzellente zeitgenössische Kunst *(siehe S. 104)*.

Werke abseits der Museen

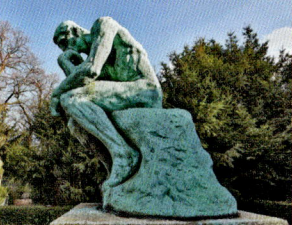

Kopie von Rodins *Denker* in Laeken

1 Genter Altar (1432)
Das Altarbild schufen Jan und Hubert van Eyck *(siehe S. 36f)*.

2 *Die Kreuzaufrichtung* (1609/10)
Das wundervolle Triptychon ist ein Rubens-Werk *(siehe S. 32)*.

3 *Die Kreuzabnahme* (1611–14)
Dieses wunderbare Triptychon von Rubens kontrastiert Tod und Geburt Christi *(siehe S. 32)*.

4 *Madonna mit Kind* (1504/05)
Die Erhabenheit der Skulptur von Michelangelo wirkt hypnotisch *(siehe S. 92)*.

5 Barockkanzel (1699)
Brüssels beeindruckende Kathedrale birgt Hendrik Verbruggens kunstvolle Kanzel *(siehe S. 74f)*.

6 *Die Geschichte Brügges* (1895)
Zwölf prächtige neugotische Wandgemälde von Albert und Julien De Vriendt zieren Brügges Stadhuis *(siehe S. 28f)*.

7 *Der Denker* (um 1905)
Karte F1 ▪ Parvis Notre-Dame, Laeken ▪ tägl. 8.30–16.30 Uhr
Eine Kopie von Rodins Statue schmückt ein Grab in Laeken.

8 Hergé-Wandgemälde (1983)
Karte H2 ▪ Métro: Stockel, Brüssel
Die Wände der Métro-Station Stockel zieren Comics-Zeichnungen von Hergé.

9 *Brunnen der knienden Jünglinge* (1898)
Emile Braunplein (vor Belfort), Gent
Das bekannteste Werk des flämischen Malers und Bildhauers George Minne (1866–1941) steht in Gent.

10 *Nos Vieux Trams Bruxellois* (1978)
Métro: Bourse, Brüssel
Paul Delvaux sorgte für Kunst in Brüssels Métro.

Unbekanntes Brüssel & Flandern

Église St-Jean-Baptiste au Béguinage, Brüssel

① Église St-Jean-Baptiste au Béguinage, Brüssel

Die Barockkirche war einst das Zentrum eines großen *béguinage (siehe Kasten S. 92)* und ist für heutige Besucher ein Ort der Stille mitten in der Stadt *(siehe S. 75)*.

② Librarium, Bibliothèque royale de Belgique, Brüssel

Karte C4 ▪ +32 (0)2 519 5311 ▪ Mo–Sa 9–17 Uhr ▪ www.kbr.be/librarium

Ein verdunkelter Raum in Belgiens wichtigster Bibliothek dient als kleines, aber feines Museum des Buchs, der Schriften und der Bibliotheken. Hier lassen sich faszinierende Exponate sowie die Arbeitszimmer und Bibliotheken von Autoren und Sammlern entdecken. (Eingang über Mont des Arts und Boulevard de l'Empereur 2.)

③ Maison Autrique, Brüssel

Die prächtige, weitläufige Privatvilla im nördlichen Vorort Schaerbeek wurde 1893 nach Plänen von Victor Horta erbaut. Es war das erste Projekt des Architekten, der bald darauf den Art nouveau für sich entdecken sollte. Die Villa wurde umfassend restauriert und mit Originalmöbeln eingerichtet. Sie bietet einen guten Einblick in die vorrangigen Stile des späten 19. Jahrhunderts *(siehe S. 86)*.

④ Van Buuren Museum, Brüssel

Die Villa im südlichen Vorort Uccle ist im schönsten Art déco der 1920er Jahre gestaltet. David und Alice van Buuren trugen hier eine erlesene Sammlung von Werken führender belgischer und europäischer Künstler aus mehreren Jahrhunderten zusammen *(siehe S. 83)*.

⑤ Patershol, Gent
Karte Q1

Hinter dem Volkskundemuseum Het Huis van Alijn *(siehe S. 110)* verläuft ein Gewirr von Kopfsteinpflasterstraßen. Hier lag das Zentrum des mittelalterlichen Gent, in dem Sattler und Gerber neben Mönchen des Karmeliterordens lebten. Im 17. und 18. Jahrhundert zogen viele Richter, die in der nahen Burg Gravensteen arbeiteten, in diesen Stadtteil. Während der Industrialisierung verkam das Viertel zum Slum. In den 1980er Jahren wurde Patershol mit staatlichen Mitteln aufgewertet. Trotz fortschreitender Gentrifizierung hat sich der Stadtteil seinen Charme weitgehend bewahrt.

Charmantes Patershol in Gent

⑥ Östliches Brügge

Die meisten Besucher von Brügge zieht es ins Zentrum und den Südwesten der Stadt. Der stille Osten lockt mit schönen Kirchen und Museen *(siehe S. 95)*.

Galerie Bortier, Brüssel

7 Galerie Bortier, Brüssel

In der charmanten Einkaufs-passage von 1847 mit ihren vielen Antiquariaten unter der herrlichen Glaskuppel scheint die Zeit stillzu-stehen *(siehe S. 77)*.

8 Maison d'Érasme und Béguinage d'Anderlecht, Brüssel

Die beiden hinreißenden Museen im westlichen Vorort Anderlecht liegen nah genug beieinander, um während eines einzigen Ausflugs besichtigt werden zu können *(siehe S. 86)*.

9 Muur der Dood-geschotenen, Brügge

Karte M3
In der früheren Kaserne Kazerne-vest im Osten von Brügge erinnern eine Ziegelmauer und mehrere Denkmäler an den Ort, wo während des Ersten Weltkriegs zahlreiche Männer von deutschen Soldaten exekutiert wurden. Der Tod des briti-schen Kapitäns Charles Fryatt fand damals international Beachtung.

10 Begijnhof, Antwerpen

Karte U1 ▪ Rodestraat 39
▪ +32 (0)3 232 0103 ▪ tägl. 8–18 Uhr
Der noch heute bewohnte *béguinage* (*begijnhof* auf Flämisch) von Antwer-pen wurde 1545 erbaut und ist eine Oase der Ruhe in der Stadt.

Parks & öffentliche Plätze

1 Parc de Bruxelles (Warande)
Karte D3
Die strenge Parkanlage des 18. Jahrhun-derts liegt vor dem Palais Royal.

2 Place du Petit Sablon, Brüssel
Der kleine hübsche Park ist für seine die Brüsseler Zünfte darstellenden Statuet-ten bekannt *(siehe S. 73)*.

3 Parc d'Egmont, Brüssel
Karte C5
Eine grüne Oase unweit der Einkaufs-meile Avenue Louise.

4 Étangs d'Ixelles, Brüssel
Karte G2
Die Parks rund um zwei große Teiche laden zum Flanieren und zu einem Pick-nick nach dem Besuch des Musée Horta und des Art-nouveau-Viertels ein.

5 Forêt de Soignes, Brüssel
Der große Buchenwald südlich der Stadt bietet Erholung *(siehe S. 68)*.

6 Minnewater, Brügge
Der »See der Liebe« im Süden von Brügge liegt in einem reizenden Park *(siehe S. 94)*.

7 Koningin Astridpark, Brügge
Karte L4
Der angenehme Park mit großem Kin-derspielplatz war ein Drehort zum Film *Brügge sehen … und sterben?* (2008).

8 Citadelpark, Gent
Karte P6
Schöner Park am östlichen Stadtrand mit den wichtigsten Kunstgalerien der Stadt.

9 Stadspark, Antwerpen
Karte U3
Erholungsgebiet südöstlich des Zen-trums von Antwerpen.

10 Middelheimmuseum, Antwerpen
Mehrfach prämierter, sehr sehenswerter Skulpturen-Freilichtpark *(siehe S. 104)*.

Herbstliches Minnewater, Brügge

TOP 10 Kinder

Neugierde auf beiden Seiten: Antwerpen Zoo

① Antwerpen Zoo

Karte V2 ■ Koningin Astridplein 26 ■ +32 (0)3 202 4540
■ tägl. 10–17.30 Uhr ■ Eintritt
■ www.zooantwerpen.be

Der Zoo (1843) zählt zu den ältesten
der Welt. Attraktionen sind die Pin-
guinfütterung, das Elefantenbad,
das Nilpferdbecken und Reptilien
zum Anfassen. Das angeschlossene
Forschungszentrum genießt internationale Reputation.

② Centre Belge de la Bande Dessinée, Brüssel

Größere Kinder werden von dem
Comic-Museum fasziniert sein –
kleinere Kinder weniger, vor allem,
wenn sie weder Französisch noch
Niederländisch verstehen
(siehe S. 26f).

③ Bruparck, Brüssel

Karte F1 ■ Blvd du
Centenaire 20
■ +32 (0)2 474 8383
■ variable Öffnungs-
zeiten, Details siehe
Website ■ Eintritt
■ www.bruparck.com

In der Nähe des Atomi-
ums (siehe S. 82) gibt es
einen Vergnügungspark
für die ganze Familie

mit Multiplex-Kino, Swimmingpools,
Gastronomie sowie den 350 Model-
len von Mini-Europa.

④ Historische Tramfahrt, Brüssel

Das macht Kindern Spaß! Eine alt-
modische Tram zuckelt sonntag-
vormittags von April bis September
ächzend und quietschend 40 Kilometer vom Musée du Tram (siehe
S. 86) und wieder zurück.

⑤ Manneken-Pis-Kleider-kammer, Brüssel

Vielleicht haben Sie ja Glück und
treffen das Manneken Pis (siehe
S. 16) einmal bekleidet an. Einen Teil
seiner Garderobe – etwa 100 der
über 800 Kleidungsstücke – kann
man im Maison du Roi (siehe
S. 15) besichtigen.

⑥ Belfort, Brügge

Ein beeindruckendes Er-
lebnis fast wie in einem
Mittelalter-Themenpark:
eine Furcht einflößende
Wendeltreppe, unglaubli-
che Ausblicke von oben
und ein Höllenlärm, wenn
die Glocken läuten. Manchmal muss man am Ein-
gang ein wenig anstehen
(siehe S. 91).

Struppi-Exponat im
Comic-Museum

(7) Musée du Jouet, Brüssel

Spielzeugmuseen können Kinder extrem langweilen, doch in diesem geht es lebendig zu. Viele der Ausstellungsstücke kann man anfassen *(siehe S. 76)*.

(8) Walibi Belgium

Wavre ▪ Walibi Belgium: +32 (0)10 421 500. Aqualibi: +32 (0)10 421 603 ▪ variable Öffnungszeiten, Details siehe Website ▪ Eintritt ▪ www.walibi.be

Der Vergnügungspark bietet Achterbahnen und Wildwasserfahrten, aber auch sanftere Attraktionen für die kleinen Besucher. Der Schwimmbadkomplex Aqualibi lockt mit mehreren Pools sowie Wasserrutschen.

Kanaltour durch Brügge

(9) Kanaltouren, Brügge und Gent

Wenn man mit einem Boot auf einem der Kanäle fährt, erscheinen die Wahrzeichen von Brügge und Gent in neuem Licht. Boote legen von verschiedenen Stellen im Zentrum von Brügge und von Graslei und Korenlei in Gent ab *(siehe S. 109)*.

(10) Boudewijn Seapark, Brügge

Alfons De Baeckestraat 12, 8200 Sint-Michiels ▪ +32 (0)50 383 838 ▪ variable Öffnungszeiten, Details siehe Website ▪ Eintritt ▪ www.boudewijnseapark.be

Der Vergnügungspark in einem Vorort südlich von Brügge bietet viele Attraktionen und Fahrgeschäfte, die mit dem Meer zu tun haben und für kleine Kinder gut geeignet sind.

Kinderspaß

1 Parc du Cinquantenaire, Brüssel
Die drei großen Museen des Parks bieten für jedes Alter etwas *(siehe S. 84)*.

2 MIM, Brüssel
Toll: Die Musik in den Kopfhörern wechselt während des Rundgangs *(siehe S. 20f)*.

3 Muséum des Sciences Naturelles, Brüssel
Künftige Naturwissenschaftler, Ökologen und Dino-Forscher lernen hier etwas *(siehe S. 86)*.

4 Musée des Enfants, Brüssel
Rue du Bourgmestre 15, Ixelles ▪ +32 (0)2 640 0107
Vier- bis Zwölfjährige lieben das Haus. Besucherzahl begrenzt.

5 Choco-Story, Brüssel
Karte B3 ▪ Rue de la Tête d'Or 9–11 ▪ +32 (0)2 514 2048 ▪ tägl. 10–17 Uhr (letzter Einlass 16.30 Uhr) ▪ Eintritt ▪ www.choco-story-brussels.be
Schokoladenmanufaktur zum Probieren.

6 Huis van Alijn, Gent
Bezauberndes Volkskundemuseum *(siehe S. 110)*.

7 Océade, Brüssel
Karte F1 ▪ Avenue de Football et Championnat 3 ▪ +32 (0)2 478 4320 ▪ Eintritt ▪ www.oceade.be
Erlebnisbad mit spektakulären Attraktionen – ein Traum für Wasserratten.

8 Waterloo, Brüssel
Besucherzentrum und Museen informieren über das Schlachtfeld *(siehe S. 69)*.

9 Historium, Brügge
Das mittelalterliche Brügge als Multimedia-Show *(siehe S. 94)*.

10 Het Gravensteen, Gent
Karte P1 ▪ Sint-Veerleplein ▪ +32 (0)9 225 9306
Die mittelalterliche Burg samt Verlies wurde umfassend restauriert.

Het Gravensteen, Gent

TOP10 Theater, Tanz & Musik

Théâtre Royal de la Monnaie, Brüssel

zentrum gastieren internationale Stars. Die größte der drei Hallen fasst rund 2000 Besucher.

① Théâtre Royal de la Monnaie, Brüssel

Karte C2 ▪ Place de la Monnaie ▪ +32 (0)2 229 1211 ▪ www.lamonnaie.be

Das angesehenste Theater des Landes, La Monnaie (De Munt), ist berühmt als Ausgangsort der Revolution von 1830 *(siehe S. 41)*, als das von Aubers Revolutionsoper *La Muette de Portici* erregte Publikum auf die Straßen stürmte. Das Theater war 1819 im klassizistischen Stil umgebaut worden, das Innere wurde nach einem Brand 1855 neu gestaltet.

② Palais des Beaux-Arts, Brüssel (BOZAR)

Karte D4 ▪ Rue Ravenstein 23 ▪ +32 (0)2 507 8200 ▪ www.bozar.be

Victor Hortas Palais des Beaux-Arts wurde 1928 vollendet. Unter dem Namen BOZAR dient es als Veranstaltungsort für Theater, Musik, Tanz und Ausstellungen.

③ Ancienne Belgique, Brüssel

Karte B3 ▪ Boulevard Anspach 110 ▪ +32 (0)2 548 2484 ▪ www.abconcerts.be

In dem bekannten Konzerthaus für Pop- und Rock-Events im Stadt-

④ Les Halles de Schaerbeek, Brüssel

Karte G2 ▪ Rue Royale Sainte-Marie 22a, Schaerbeek ▪ +32 (0)2 218 2107 ▪ www.halles.be

Die prächtige Markthalle, eine Eisen-und-Glas-Konstruktion aus dem späten 19. Jahrhundert, wurde in einen fantastischen Veranstaltungsraum für vielerlei Kulturereignisse umgewandelt. Vornehmlich sind Tanz und Musik zu sehen.

⑤ Concertgebouw, Brügge

Karte J5 ▪ 't Zand 34 ▪ +32 (0)70 22 33 02 ▪ www.concertgebouw.be

Im Rahmen der Feierlichkeiten Brügges als Kulturhauptstadt Europas 2002 wurde eine neue Konzerthalle gebaut. Das hochmoderne Gebäude konnte sich schnell als eine der führenden Stätten für klassische Musik, Ballett und Jazz in Belgien etablieren.

Théâtre Royal de Toone

⑥ Théâtre Royal de Toone, Brüssel

Karte C3 ▪ Rue du Marché aux Herbes 66 (Impasse Sainte Pétronille) ▪ +32 (0)2 511 7137 ▪ www.toone.be

Das in einem winzigen Gebäude am Ende einer mittelalterlichen Gasse untergebrachte Marionettentheater ist eine Brüsseler Institution. Es ist übrigens kein Kindertheater: Die Puppen aus Holz und Pappmaché treten in ernsten Stücken auf. Dabei sprechen sie Bruxellois, den breiten Brüsseler Dialekt. Das Museum ausgemusterter Puppen ist für Besucher jeden Alters geeignet.

Vlaamse Opera, Gent
Karte Q3 ▪ Schouwburgstraat 3
▪ +32 (0)70 22 0202
▪ www.operaballet.be

Als Genter Bühne der angesehenen Vlaamse Opera gehört das nach Plänen von Louis Roelandt im Jahr 1840 errichtete Opernhaus zu den berühmtesten Theatern Europas.

 Vlaamse Opera, Antwerpen
Karte U2 ▪ Frankrijklei 3 ▪ +32 (0)70 22 0202 ▪ www.operaballet.be

Antwerpens Opernhaus (1907) ist innen mit Marmor und Gold verziert. Die Vlaamse Opera spielt hier und in Gent *(siehe oben)*.

Le Botanique, Brüssel

 Le Botanique, Brüssel
Karte D1 ▪ Rue Royale 236,
Saint-Josse-ten-Noode ▪ +32 (0)2 218 3732 ▪ www.botanique.be

Die Gewächshäuser des Brüsseler Botanischen Gartens wurden 1826 bis 1829 gebaut. Durch kluge Umgestaltung der Räume entstand ein Veranstaltungsort für Theater, Ballett und Konzerte aller Art.

 deSingel, Antwerpen
Desguinlei 25 ▪ +32 (0)3 248 2828 ▪ www.desingel.be

Das vielseitige Kulturzentrum veranstaltet Theater- und Ballett- bzw. Tanzaufführungen, Konzerte, Oper sowie Kunst- und Architekturausstellungen.

Schriftsteller, Dichter & Musiker

Django Reinhardt und Band

1 Roland de Lassus
Der bedeutende Komponist franko-flämischer Musik ist als Orlando di Lasso (um 1532–1594) bekannt.

2 César Franck
Der Organist (1822–1890) komponierte in romantischer Tradition.

3 Émile Verhaeren
Der Dichter (1855–1916) ist für symbolistische Porträts von Flandern bekannt.

4 Maurice Maeterlinck
Der symbolistische Dichter und Dramatiker (1862–1949) wurde mit dem Nobelpreis geehrt.

5 Michel de Ghelderode
Belgiens erfolgreichster Dramatiker (1898–1962) des 20. Jahrhunderts gilt als einer der eigenwilligsten französischsprachigen Autoren.

6 Georges Simenon
Maigrets Schöpfer (1903–1989) war ein ungemein produktiver Meister des Krimis *(siehe S. 42)*.

7 Django Reinhardt
Der weltbekannte Jazzgitarrist (1910–1953) gehörte zum berühmten Quintett des Hot Club de France.

8 Arthur Grumiaux
Der Violinist (1921–1986) zählte zu den Virtuosen des 20. Jahrhunderts.

9 Hugo Claus
Der große Autor (1929–2008) verfasste seine Gedichte, Dramen und Romane in niederländischer Sprache.

10 Amélie Nothomb
Die erfolgreiche Romanautorin (geb. 1966) widmet sich gern der dunkleren Seite der menschlichen Natur.

TOP10 Belgische Biersorten

① Witbier/Bière Blanche
Die meisten Biere werden aus Gerste gebraut, doch bekanntlich kann man mit Weizen das »Weißbier« herstellen. In Belgien gibt es Geschmackszusätze wie Koriander oder Orangenschalen. Das leichte, prickelnde und erfrischende Bier ist oft naturtrüb mit Bodensatz, z. B. Hoegaarden und Brugs.

② *Kriek*
Lambic (siehe rechts) kann während der Gärung mit Kirschen (früher mit jenen aus den Obstgärten von Schaerbeek im Norden Brüssels) aromatisiert werden. Dadurch entsteht ein Getränk, das *kriek* genannt wird. Mit Himbeeren versetzt, wird es als *framboise* bezeichnet; ist Kandiszucker zugesetzt, heißt es *faro*. Wer diese Biere noch nicht kennt, sollte mit *faro* beginnen, um sich dem ungewöhnlichen Aroma anzunähern.

Kriek-Bier

③ Starkbier
Einige Brauereien werben mit der Stärke ihrer Produkte. Duvel (Teufel) mit 8,5 Prozent Alkohol ist ein Beispiel. Belgiens stärkstes Bier (12 %) kommt von der Brauerei Bush. Es ist mit Vorsicht zu genießen.

④ Trappistenbier
In der Vergangenheit wurden einige der besten belgischen Biere von den Trappisten, einem Schweigeorden der Zisterziensermönche,

gebraut. Jetzt stellen sechs Brauereien diese Biere in enger Verbindung mit Klöstern her: Chimay, Achel, Westmalle, Orval, Rochefort und Westvleteren. Bei der Flaschenabfüllung wird für eine zweite Gärung Bierhefe zugesetzt. Schütteln Sie also beim Öffnen den Bodensatz nicht auf!

⑤ Klosterbiere
Auch andere Klöster haben Bier gebraut, doch anders als die Trappisten vergaben sie Lizenzen an Großbrauereien. Beispielsweise gehört Leffe jetzt zu AB InBev. Trotzdem sind viele Klosterbiere ausgezeichnet und haben ihren eigenen Charakter bewahrt, so etwa Ename, Floreffe und St. Feuillien.

⑥ *Dubbel & Tripel*
Traditionell kennzeichneten die Brauereien ihre Biere nach der Stärke: Normales Bier hatte ca. drei Prozent Alkohol, »doppeltes« sechs und »dreifaches« neun. Ein paar Klosterbrauereien schreiben noch *dubbel/double* oder *tripel/triple* auf ihre Etiketten. *Dubbel* ist meist dunkel und süßlich, *Tripel* in der Regel goldblond.

⑦ Lagerbier
Lager oder *pils* ist ein untergäriges Bier. Die Hefe bleibt hier am Boden. Stärkere Biere sind dagegen

Das Kloster Orval, berühmt für sein von Mönchen gebrautes Trappistenbier

obergärig, wodurch mehr Aroma bewahrt wird. Obwohl ausländische Bierkenner über leichte Biere eher die Nase rümpfen, werden sie in Belgien mit hohem Qualitätsanspruch gebraut. Das allgegenwärtige Stella Artois von AB InBev wird in Leuven produziert und ist ein sehr gutes Lagerbier.

Lambic reift in alten Holzfässern

⑧ *Lambic*

Im Tal der Senne nahe Brüssel wird natürliche Brettanomyces-Hefe zur Gärung genutzt. Jahrhundertelang ließen die Brauer ihre warme Weizenbierwürze während des Winters draußen offen stehen, damit sich Hefepilze ansiedeln konnten. In Holzfässern reift das Gebräu bis zu fünf Jahre heran. So entsteht ein spezielles Bier mit leichtem Weingeschmack, *lambic* genannt – das Brüsseler Bier schlechthin.

⑨ *Gueuze*

Lambic verschiedener Jahrgänge kann verschnitten und ein zweites Mal in der Flasche vergoren werden. Dieses Bier heißt dann *gueuze*. Es ist spritzig wie Champagner und wird ein bis zwei Jahre gelagert, damit der Weincharakter heranreift.

⑩ Weihnachtsbiere

Viele Brauereien bieten auch Festbiere an. Oft sind es nur ihre üblichen Sorten mit besonders hübsch gestalteten Etiketten, doch es gibt auch extrastarke Biere (ähnlich dem bayerischen Weihnachtsbock).

Klassische belgische Gerichte

1 Carbonnades flamandes / vlaamse stoverij
Mit belgischem Bier gekochter Rindfleischeintopf – nahrhaft, saftig und süßlich – schmeckt am besten mit *frites*, Senf und Mayonnaise.

2 Jets d'houblon
Hopfensprossen, Nebenerzeugnis der Brauereien im Frühjahr, schmecken spargelähnlich und werden in Sahnesauce serviert.

3 Waterzooi
Das sahnige Hühner- oder Fischgericht in Brühe ist typisch für Gent.

4 Chicons au gratin
Chicorée wird in Schinken gewickelt und mit Käse-Sahne-Sauce überbacken.

5 Anguilles au vert / paling in 't groen
Eine Sauce aus frischen Kräutern ergänzt gekochten Aal.

6 Garnaalkroketten
Frittierte Kartoffelkroketten, gefüllt mit frischen Krabben, sind eine köstliche Vorspeise oder auch ein Snack.

7 Salade Liégeoise
Lütticher Kartoffelsalat mit grünen Bohnen und Speckwürfeln genießt man warm.

8 Stoemp
Kartoffelpüree mit Gemüse (etwa Karotten oder Sellerie) oder mit Hackfleisch ist ein Klassiker.

9 Flamiche aux poireaux
Die herzhafte Lauchtorte erinnert an eine Quiche.

10 Moules marinières
Miesmuscheln werden in Weißweinsud mit Zwiebeln, Sellerie und Petersilie gedünstet, bis sie sich öffnen. Dazu gibt es *frites*.

Moules marinières

TOP 10 Shopping

Großer Andrang bei einem Antiquitätenmarkt in Brüssel

① Antiquitäten & Trödel

Belgien ist eine Fundgrube für Leute, die alte Comics oder Art-nouveau-Türklinken, erlesene Louis-seize-Pulte oder auch Goldbronze-Uhren suchen. In Brüssel ist zwischen der Place du Jeu de Balle und der Place du Grand Sablon alles Mögliche zu finden *(siehe S. 77)*.

② Schokolade

Belgische Schokolade ist weltberühmt. Die Hersteller verwenden hochwertige Kakaobohnen und geben reichlich Kakaobutter hinzu. Sie entwickelten auch das Verfahren zur industriellen Fertigung gefüllter Schokoladen und Pralinen. Die vorzüglichen Schokoladenerzeugnisse sind allemal ihr Geld wert.

③ Bier

Um 1900 gab es in Belgien über 3200 Brauereien – heute sind es noch 150. Diese erzeugen jedoch eine erstaunliche Vielfalt an Sorten *(siehe S. 60f)*. Die berühmtesten werden in den Trappistenklöstern hergestellt, doch auch die hellen Biere wie Stella Artois und Jupiler haben eine hohe Qualität. In vielen Städten gibt es Läden mit einem großen Sortiment an Biersorten und -marken. Und natürlich findet man überall Bierpubs.

④ Kekse & Feingebäck

Vor den verführerischen Schaufenstern belgischer Patisserien muss einem einfach das Wasser im Munde zusammenlaufen. Alles schmeckt so gut, wie es aussieht! Gleiches gilt für die berühmten »Biscuits« von Dandoy *(siehe S. 17)*.

⑤ Gobelins

Die Herstellung von Wandteppichen war im Mittelalter ein bedeutendes Gewerbe in Brüssel und Brügge. Handwerkliche Fertigung gibt es auch heute noch – große Stücke haben Luxuspreise.

⑥ Spitze

Im 19. Jahrhundert gab es in Belgien Tausende von Spitzenklöpplerinnen; viele lebten in Armut. Ihr Gewerbe starb durch die Erfindung der Klöppelmaschinen nahezu aus.

Feinste belgische Spitze

Heute findet man handgearbeitete belgische Spitze in Fachgeschäften. Achten Sie auf das Echtheitszertifikat und rechnen Sie mit einem hohen Preis.

7 Haute Couture

Belgien – vor allem Antwerpen – spielt mit Designern wie Ann Demeulemeester, Dries van Noten, Raf Simons und Walter Van Beirendonck seit Langem eine führende Rolle in der Modewelt. Viele der Designer haben eigene Läden in Antwerpen *(siehe S. 105)*. Es gibt auch andere exklusive Modeläden, vor allem in der Rue Antoine Dansaert in Brüssel *(siehe S. 77)*.

8 Kinderkleidung

Zahlreiche Läden in Belgien haben sich auf Kinderkleidung spezialisiert. Hier finden Sie alles – von strapazierfähigen Spielanzügen bis zu schön gearbeiteten Winterjacken, Mützen und lustigen Schuhen.

9 Tintin-Artikel

Fans von Tintin können nicht nur die Comics kaufen, sondern auch Figuren, T-Shirts, Spiele, Postkarten, Handyschalen, Schreibwaren, Tassen etc. Die Figuren sind urheberrechtlich geschützt, die Preise für diese Devotionalien entsprechend hoch. Ein Laden in der Rue de la Colline in Brüssel widmet sich ausschließlich Tintin.

Tintin-Figur

10 Diamanten

HRD: www.hrdantwerp.com

Drei Viertel der ungeschliffenen Rohdiamanten der Erde wandern durch die Diamantenbörse von Antwerpen; viele werden hier auch geschliffen, poliert und gefasst. Mitunter können Sie günstig einkaufen – bei Zweifeln an der Echtheit wenden Sie sich an den Hoge Raad voor Diamant (HRD).

Schokoladen, Kekse & Feingebäck

Schokolade-Erdbeeren bei Godiva

1 Godiva
www.godivachocolates.eu
Der Hersteller von Edelschokolade hat Filialen in aller Welt.

2 Leonidas
www.leonidas.com
Einer der beliebtesten Chocolatiers des Landes ist preisgünstiger als seine Konkurrenz in der Spitzenklasse.

3 Neuhaus
www.neuhauschocolates.com
Der Chocolatier gilt als Erfinder der Praline und der Pralinenschachtel *(ballotin)*.

4 Dumon
www.chocolatierdumon.be
Exzellenter Chocolatier aus Brügge.

5 Wittamer
www.wittamer.com
Schokoladen, Kuchen und Gebäck sind hier himmlisch *(siehe S. 78)*.

6 Pierre Marcolini
www.eu-marcolini.com
Nur frische Zutaten kommen in die sagenhafte Schokolade.

7 Mary
www.mary.be
Die Marke steht für beste Qualität.

8 Galler
Auch Massenproduktion kann von hoher Qualität sein. Die Packung der berühmten Langues de Chat (Katzenzungen) dieser Marke hat die Form eines Katzengesichts.

9 Maison Dandoy
Das Gebäck zählt zur Spitzenklasse.

10 Jules Destrooper
www.jules-destrooper.be
Seit 1886 stellt die Fabrik feinstes Gebäck her. Die charakteristischen blau-weißen Schachteln bergen Köstliches wie extradünne Mandelplätzchen.

TOP10 Kostenlose Attraktionen

1 Grand Place, Brüssel
Brüssels Hauptplatz ist ein wahres Schmuckkästchen üppig verzierter Architektur. Es gibt hier zahlreiche kostenpflichtige Attraktionen zu bestaunen, aber die größte Sehenswürdigkeit ist umsonst: der Platz selbst *(siehe S. 14f)*.

2 Manneken Pis, Brüssel
Wenige Schritte von der Grand Place entfernt ist Brüssels berühmtes Wahrzeichen in seiner ganzen reizend-unschuldigen Nacktheit zu bewundern *(siehe S. 75)*. Der Blick auf die Brunnenfigur ist umsonst, eine Besichtigung der großen Kleidersammlung für den Nackedei in der Maison du Roi *(siehe S. 15)* hingegen ist außer am ersten Sonntag jeden Monats kostenpflichtig.

3 Koninklijk Museum voor Midden-Afrika, Tervuren
Das Museum für Zentralafrika in Tervuren bietet spannende Ausstellungen, deren Besuch an Wochenenden kostenlos ist. Sehenswert ist auch die Gartenanlage. Schlendern Sie durch die monumentale Formschnittgärtnerei und bewundern Sie die prächtigen Brunnen sowie den reichen Baumbestand.

4 Europäisches Parlament & Parlamentarium, Brüssel
Im Besucherzentrum des Europäischen Parlaments hat man Gelegenheit, Einblick in diese Institution und in die Arbeit der Parlamentarier zu erhalten *(siehe S. 84f)*.

Maagdenhuismuseum, Antwerpen

5 Museen: freie Besuchertage
Viele staatliche Museen bieten an einem Tag des Monats kostenlosen Eintritt. So ist der Besuch am ersten Mittwoch jeden Monats ab 13 Uhr in den Musées royaux des Beaux-Arts *(siehe S. 18f)* und im Musée des Instruments de Musique *(siehe S. 20f)* in Brüssel umsonst. Gleiches gilt für viele Museen in Antwerpen. Das Maagdenhuismuseum *(siehe S. 104)* und das Rubenshuis *(siehe S. 34f)* öffnen hingegen am letzten Mittwoch im Monat kostenlos.

6 Graslei & Korenlei, Gent
Diese beiden gegenüberliegenden historischen Kais an der Leie sind über die Sint-Michielsbrug miteinander verbunden. Die Brücke ist zugleich ein idealer Aussichtspunkt *(siehe S. 109)*.

Graslei, ein Kai in Gent

⑦ In Brügge unterwegs

In Brügge ist man am besten zu Fuß unterwegs. Ziehen Sie festes, bequemes Schuhwerk an – Achtung: Kopfsteinpflaster! – und erkunden Sie die Stadt. Der von Kanälen und Straßen entlang der alten Stadtmauer definierte Stadtkern bietet praktisch an jeder Ecke Sehenswertes – und vieles davon ist kostenfrei zu besichtigen.

⑧ Centraal Station, Antwerpen

Karte V2

Der Hauptbahnhof Antwerpens ist ein klassisches Baudenkmal aus dem Goldenen Zeitalter der Eisenbahn. Nahezu jeder Architekturstil blitzt in den verschwenderisch eingesetzten Details aus Goldbelag, Marmor und Glas auf. Der 1905 fertiggestellte Bau gilt als Meisterwerk von Louis Delacenserie (1838–1909).

Palais de Justice, Brüssel

⑨ Palais de Justice, Brüssel

Der riesige Kolossalbau beherrscht das Brüsseler Stadtbild. Bis heute dient er als Gerichtsgebäude, weshalb er wochentags allen Besuchern offensteht. Bei seiner Fertigstellung nach 17 Jahren Bauzeit im Jahr 1883 war er das größte Gebäude Europas. Auch die Innengestaltung des Justizpalastes ist beeindruckend (siehe S. 76).

⑩ Kirchen

Viele Kirchen in Brüssel und Flandern kann man umsonst besichtigen, aber es gibt Ausnahmen, etwa die Kathedrale von Antwerpen.

Die Region für wenig Geld

Centraal Station, Antwerpen

1 Die belgische Eisenbahn SNBC bietet reduzierte Ticketpreise u. a. für Wochenendfahrten, für Senioren über 65 Jahren und für Kinder unter 12 Jahren (www.belgianrail.be).

2 Die Hotelpreise variieren je nach Saison und Wochentag zum Teil stark. In Brügge z. B. übernachtet man außerhalb der Saison wochentags am preiswertesten.

3 Ein Frühstück im Hotel kostet, sofern nicht im Zimmerpreis enthalten, 10 bis 25 € pro Person. In Cafés frühstückt man meist preiswerter.

4 Parkplätze sind im Stadtzentrum am teuersten. Parken Sie wenn möglich außerhalb und entdecken Sie Brügge, Antwerpen, Gent und Brüssel zu Fuß.

5 Ein Zeitticket für 24, 48 oder 72 Stunden oder eine MOBIB-Karte für den öffentlichen Verkehr lohnt sich meist auch für Besucher – besonders in Brüssel, wo die Museen und anderen Sehenswürdigkeiten zum Teil weit voneinander entfernt sind.

6 Ein Museumspass, wie er in Brüssel angeboten wird, ermöglicht den Besuch mehrerer Museen zu einem deutlich reduzierten Preis.

7 In Restaurants kann man mit der Wahl eines (Mittags-)Menüs Geld sparen.

8 Belgien ist für seine *frites* (Pommes frites) bekannt. In einem guten Imbiss *(friterie/frietkot)* bekommt man eine preiswerte sättigende Mahlzeit.

9 Ein Picknick macht Spaß und ist meist billiger als ein Essen im Restaurant. Die Zutaten hierfür bekommt man in den vielen Feinkostläden in Belgien.

10 Schnell noch ein Souvenir für die Lieben zu Hause besorgen: Denken Sie rechtzeitig vor der Heimreise an Mitbringsel – am Flughafen sind die Preise in der Regel ziemlich hoch.

TOP 10 Feste & Veranstaltungen

Exponat bei der Gentse Floraliën, Gent

① Gentse Floraliën, Gent
Ende Apr (2025, 2029 …)

Die große Blumenschau findet alle vier Jahre an vier ausgewählten Orten im ganzen Stadtgebiet statt. Die Großgärtnereien von Gent sind vor allem für ihre Begonien, Azaleen, Rhododendren und Rosen berühmt.

② Heilig Bloedprocessie, Brügge
Himmelfahrt (Mai)

Brügges größtes Freiluftfest, die Heilig-Blut-Prozession, folgt einer 800 Jahre alten Tradition. 40 Tage nach Ostern wird die Reliquie des Heiligen Blutes in einer farbenprächtigen, sehr feierlichen Prozession mit üppigen mittelalterlichen und biblischen Kostümen durch die Straßen getragen. Die ganze Stadt ist auf den Beinen

③ Festival van Vlaanderen
Meist Juni – Okt
■ www.festival.be

In ganz Flandern wird jedes Jahr ein spannendes Programm aus diversen Musikgenres (insbesondere Klassik, Jazz und Weltmusik) und Tanzdarbietungen präsentiert. Veranstaltungsorte sind Konzertsäle und Theater sowie Kirchen und historische Gebäude.

③ Foire du Midi, Brüssel
Mitte Juli – Mitte Aug

Der große und ausgelassene spätsommerliche Jahrmarkt entlang dem Boulevard du Midi bietet neueste Attraktionen sowie Autoskooter, Achterbahnen etc. Das Volksfest ist auch bei Familien sehr beliebt.

⑤ Planten van de Meiboom, Brüssel
9. Aug (ab 13.30 Uhr)

Angeführt von der Confrérie des Compagnons de Saint-Laurent und in verrückte Kostüme gekleidet, tragen die Teilnehmer in Begleitung von sieben traditionellen Riesenfiguren einen »Maibaum« durch Brüssel und pflanzen ihn an der Ecke Rue du Marais und Rue des Sables ein – diese lustige Stück alten Volksbrauchtums geht auf das Jahr 1213 zurück.

⑥ Reiefeest, Brügge
Letzte 10 Tage im Aug (2024, 2027…)

Brügge liegt an der Reye. Das alle drei Jahre stattfindende Fest feiert die Rolle des Flusses in der Stadtgeschichte. Am Ufer werden historische Szenen aufgeführt, die Architektur der Stadt wird lebendig.

Blechbläser beim Festival van Vlaanderen

7 **Praalstoet van de Gouden Boom, Brügge**

Ende Aug (2022, 2027…)

Der Festumzug vom Goldenen Baum findet seit 1958 alle fünf Jahre in Brügge statt. Bürger ziehen in bunten historischen Kostümen in einer Prozession durch die Stadt, um an den Glanz der Burgunder-Ära zu erinnern.

8 **Ommegang, Brüssel**

1. Di & Do im Juli

Bei diesem Umzug machen etwa 2000 Teilnehmer – als Adelige, Zunftangehörige, Soldaten zu Pferd oder Spaßmacher verkleidet – einen *ommegang* (Rundgang) auf der Grand Place: eine Tradition seit 1549.

Ommegang, Brüssel

9 **Toussaint, ganz Belgien**

1., 2. Nov

Auf Allerheiligen folgt Allerseelen: Zum Gedenken an ihre Verstorbenen richten die Belgier die Gräber schön her und schmücken sie mit Blumen: 50 Millionen sollen es alljährlich sein, vor allem Chrysanthemen.

10 **Fête de Saint-Nicolas, ganz Belgien**

6. Dez

Der Nikolaus-Tag (niederländisch »Sinterklaas«) ist für die Kinder ein Ereignis. Sankt Nikolaus im Ornat des Bischofs von Myra zieht mit seinem geschwärzten Kumpan Zwarte Piet durch die Straßen. Kinder erhalten Geschenke und Süßigkeiten.

Sportevents

1 Ronde van Vlaanderen
1. So im Apr
Die Tour ist ein Radsport-Klassiker.

2 Liège-Bastogne-Liège
3. So im Apr
In Lüttich startet das älteste Weltcup-Radrennen.

3 Zesdaagse van Vlaanderen-Gent
Karte P6 ▪ Ende Nov ▪ 't Kuipke, Citadelpark, Gent
Das Radrennen zählt zu den wichtigsten in Europa.

4 Jan Breydelstadion (Olympiapark)
Olympialaan 74, Brügge ▪ +32 (0)50 40 2135 ▪ www.clubbrugge.be
Club Brugge und Cercle Brugge teilen sich dieses Stadion.

5 20 km von Brüssel
Letzter So im Mai
Der Straßenlauf führt durch Brüssel.

6 Belgian Grand Prix
Spa-Francorchamps ▪ Ende Aug
Ein Muss für Freunde des Motorsports.

7 Hippodrome Wellington, Ostende
Pferderennen jeden Montag im Juli und August.

8 Stade Roi Baudouin, Brüssel
Karte F1 ▪ Ave du Marathon 135, Laeken ▪ +32 (0)2 474 3940
Leichtathletik, Radsport und internationale Fußballspiele sind hier zu sehen.

9 Constant Vanden Stockstadion
Karte F2 ▪ Avenue Théo Verbeeck, Anderlecht ▪ +32 (0)2 529 4067 (Tickets) ▪ www.rsca.be
Hier trägt der RSC Anderlecht seine Heimspiele aus.

10 Memorial Van Damme
Karte F1 ▪ Sep ▪ Stade Roi Baudouin, Brüssel
Die Leichtathletikveranstaltung ist die bedeutendste Belgiens.

Beim Memorial Van Damme

TOP10 Ausflüge

Leuvens prächtiges Rathaus

1 Leuven (Löwen)
Information: Naamsestraat 3
■ +32 (0)16 203 020
■ www.visitleuven.be

Die alte Universitätsstadt Leuven (frz. Louvain) bezaubert mit ihrer noch heute spürbaren humanistischen Tradition und den historischen Gebäuden – vor allem mit dem gotischen Stadhuis.

2 Walibi Belgium
Für Familien ist Belgiens größter Themenpark immer einen Tagesausflug wert *(siehe S. 57)*.

3 Forêt de Soignes
Drève du Rouge-Cloître 4
■ www.zonienwoud.be

Die alten Buchenwälder eignen sich für ausgedehnte Wanderungen und Radtouren, vor allem im Herbst, wenn sich das Laub bunt färbt. Bei Groenendaal und Tervuren gibt es zwei Arboreten. Die Abbaye de Rouge-Cloître aus dem 14. Jahrhundert birgt ein Besucherzentrum.

4 Namur
Information: Place de la Station
■ +32 (0)81 246 449
■ www.namurtourisme.be

Die reizvolle Stadt am Zusammenfluss von Meuse und Sambre ist für ihre mächtige Zitadelle berühmt, die sich eindrucksvoll auf einem steilen Felsen erhebt.

5 Mechelen
Information: Hallestraat 2 – 4
■ +32 (0)70 220 008
■ www.visit.mechelen.be

Mechelen (Malines) war in der Zeit der Burgunder eine stolze Handelsstadt und ein Machtzentrum unter Margarete von Österreich (1507 – 1530). Der Glockenturm der herrlichen gotischen Sint-Romboutskathedraal beherrscht das Stadtbild.

6 Lier
Information: Grote Markt 58
■ +32 (0)38 000 555 ■ www.visitlier.be

In der netten kleinen Stadt südöstlich von Antwerpen umringen einige historische Gebäude den Grote

Reizende Häuser am Flüsschen Nete in Lier

Markt. Am eindrucksvollsten ist der Zimmertoren (14. Jh.), ein Verteidigungsturm mit einer astronomischen Uhr.

⑦ Schlachtfeld von Waterloo

Route du Lion 252 – 254, 1420 Braine-l'Alleud ▪ +32 (0)23 851 912 ▪ tägl. 9.30 – 18.30 Uhr (Okt – März: bis 17.30 Uhr) ▪ Eintritt
▪ www.waterloo1815.be

Bei Waterloo, 15 Kilometer südlich von Brüssel, wurde Napoléon 1815 geschlagen. Am Besucherzentrum starten Besichtigungen.

⑧ Oostende (Ostende)

Information: Monacoplein 2
▪ +32 (0)59 701 199
▪ www.visitoostende.be

Oostende ist als Seebad und Hafenstadt bekannt. Die Kunstsammlung im Mu.ZEE (Kunstmuseum aan zee), u. a. mit Werken von James Ensor, ist sehenswert.

⑨ Damme

Information: Huyse de Grote Sterre, Jacob van Maerlantstraat 3
▪ +32 (0)50 288 610
▪ www.visitdamme.be

Von der einst blühenden Stadt am Anfang des Kanals nach Brügge sind ein paar spätmittelalterliche Bauwerke übrig geblieben.

⑩ Ieper (Ypres)

In Flanders Fields: Lakenhallen, Grote Markt 34 ▪ +32 (0)57 239 220
▪ Apr – Mitte Nov: tägl. 10 – 18 Uhr; Mitte Nov – März: Di – So 10 – 17 Uhr; 3 Wochen im Jan geschl. ▪ Eintritt
▪ www.toerismeieper.be
▪ www.inflandersfields.be

Ieper (frz. Ypres) war eine der großen mittelalterlichen Tuchhandelsstädte Flanderns. Ihr historisches Erbe wurde nahezu ausgelöscht, als sie im Ersten Weltkrieg Zentrum erbitterter Grabenkämpfe wurde. Heute besucht man hier die Schützengräben, die vielen Soldatenfriedhöfe und das Menenpoort, das an die unzähligen Soldaten erinnert, die auf dieser Straße entlangmarschierten und nie mehr zurückkehrten. Im Museum »In Flanders Fields« werden die Hintergründe und die Schrecken des Krieges dokumentiert.

Städte & Regionen

Steenhouwersdijk, einer der idyllischsten
Kanalabschnitte in Brügge

Zentrum von Brüssel **72**

Umgebung von Brüssel **82**

Brügge **90**

Antwerpen **100**

Gent **108**

TOP 10 Zentrum von Brüssel

Die Stadtmitte Brüssels liegt innerhalb eines genau umrissenen Areals in Form eines Pentagons. Heute führt eine
Ringstraße, die Petite Ceinture (Kleiner Gürtel), die Begrenzungslinie entlang. Von den mächtigen Stadtwällen
des 14. Jahrhunderts sind nur wenige Mauerreste und die
Porte de Hal erhalten. Das Stadtzentrum umfasst auch den
größten Teil des historischen Brüssel mit dem Königspalast. Neben Denkmälern und Kulturschätzen befinden sich
hier auch zahlreiche Hotels, Restaurants, Läden und Cafés.

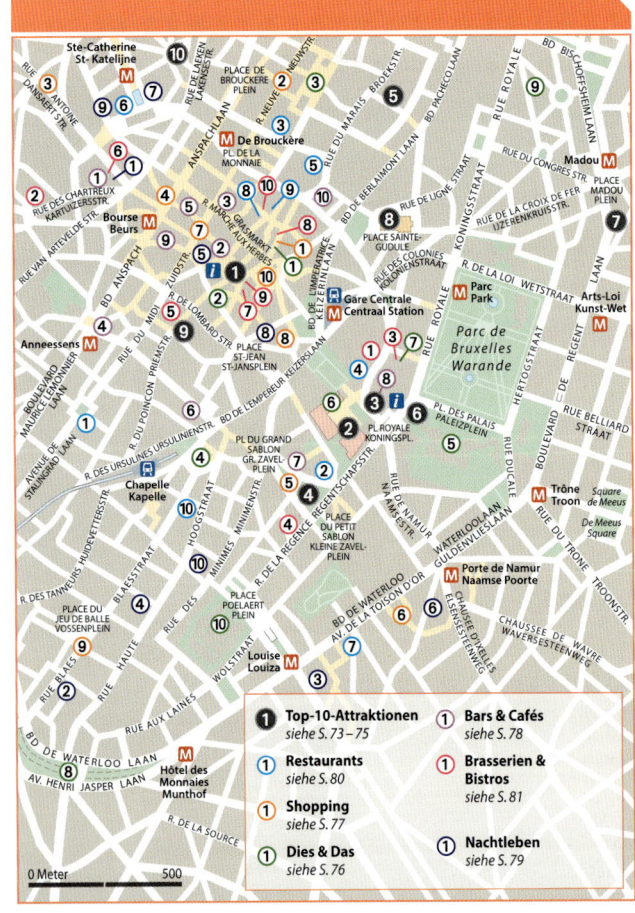

●	Top-10-Attraktionen *siehe S. 73 – 75*	①	Bars & Cafés *siehe S. 78*
①	Restaurants *siehe S. 80*	①	Brasserien & Bistros *siehe S. 81*
①	Shopping *siehe S. 77*		
①	Dies & Das *siehe S. 76*	①	Nachtleben *siehe S. 79*

0 Meter   500

Die prachtvolle Grand Place während des Blumenfests Tapis des Fleurs

① Grand Place

Ein Besuch der Grand Place von Brüssel ist Pflicht – und sei es nur, um einige der herrlichen belgischen Schokoladen- und Gebäckspezialitäten einzukaufen. Der Platz vereint Brüssels Erbe aus der Gotik und der Renaissance, zudem erinnert er an jene Handwerker und Kaufleute, die Brüssel einst zu Wohlstand verhalfen *(siehe S. 14f)*.

Das Kartenspiel von Henri de Braekeleer, **Musées royaux des Beaux-Arts**

② Musées royaux des Beaux-Arts

Die einzigartige Kunstsammlung konzentriert sich auf flämische und belgische Künstler. Höhepunkte sind die Gemälde von Pieter Brueghel d.Ä., die Rubens-Abteilung, eine unvergleichliche Sammlung von Werken belgischer Symbolisten und nicht zuletzt das Musée Magritte mit seiner großen Sammlung *(siehe S. 18f)*.

③ Musée des Instruments de Musique

Die Sammlung historischer und moderner Musikinstrumente ist im früheren Art-nouveau-Kaufhaus »Old England« untergebracht. Kopfhörer erwecken die ausgestellten Instrumente zum Leben *(siehe S. 20f)*.

④ Sablon

Karte C4 ■ **Rue de la Régence 3b** ■ **Kirche: Mo – Fr 8 –18, Sa 9.30 –18, So 10 –18 Uhr**

Der Name Sablon (»Sand«) bezieht sich auf das hiesige sandige Marschland, das im 17. Jahrhundert urbar gemacht wurde. An der Place du Grand Sablon gibt es Antiquitätenläden und die Chocolatiers Wittamer und Pierre Marcolini. Die Place du Petit Sablon umfasst einen Park mit Statuen der mittelalterlichen Zünfte von Brüssel. Zwischen beiden Plätzen steht die hübsche Église Notre-Dame du Sablon.

Église Notre-Dame du Sablon

Original-Entwürfe im Museum des Centre Belge de la Bande Dessinée

5 Centre Belge de la Bande Dessinée

Das Belgische Comic-Zentrum – für Fans ein wahrer Tempel – reflektiert die große Beliebtheit des Comics in Belgien, aber auch im übrigen Europa. Archivmaterial, Originalzeichnungen und weitere Exponate beziehen sich vorwiegend auf die belgischen Künstler des Genres – natürlich auch auf Hergé, den Schöpfer von Tintin *(siehe S. 26f)*.

Archäologische Stätte Palais Coudenberg

6 Palais Coudenberg

Karte D4 ▪ Place des Palais 7 ▪ +32 (0)2 500 4554 ▪ Di–Fr 9.30–17, Sa, So 10–18 Uhr (Juli, Aug: tägl. 10–18 Uhr) ▪ Eintritt ▪ http://coudenberg.brussels

Die archäologische Stätte des mittelalterlichen Palais Coudenberg erreicht man über das BELvue Museum *(siehe S. 76)*. Das Palais war Residenz der Herzöge von Brabant und bis zum Brand von 1731 600 Jahre lang Sitz der Generalstatthalter der Niederlande. Zu sehen ist u. a. der Keller der Aula Magna, des Prunksaals des Palastes, in dem Kaiser Karl V. 1555 abdankte.

7 Musée Charlier

Karte E3 ▪ Avenue des Arts 16 ▪ +32 (0)2 220 2691 ▪ Mo–Do 12–17, Fr 10–13 Uhr ▪ Eintritt ▪ www.charliermuseum.be

Große Stadt- oder Herrenhäuser aus dem 19. Jahrhundert, sogenannte *maisons de maître*, sind für Brüssel charakteristisch. Das Museum bietet die seltene Gelegenheit, ein solches Haus von innen zu sehen. Der Erstbesitzer, Henri van Curtsem, beauftragte Victor Horta *(siehe S. 23)* mit der Gestaltung der Räume. Van Curtsems Erbe, der Bildhauer Guillaume Charlier, machte das Haus zum Treffpunkt der Brüsseler Avantgarde. Als er 1925 starb, hinterließ er es der Stadt, seit 1928 ist es Museum und zeigt noch viel vom Dekor jener Zeit. Neben Werken zeitgenössischer Künstler wie James Ensor, Léon Frédéric, Fernand Khnopff und Rik Wouters ist auch eine schöne Sammlung antiker Möbel zu sehen.

8 Cathédrale des Saints Michel et Gudule

Karte D3 ▪ Parvis Sainte-Gudule ▪ +32 (0)2 217 8345 ▪ Mo–Fr 7–18, Sa 8.30–15.30, So 14–18 Uhr ▪ Eintritt für Krypta & für Kirchenschatz ▪ www.cathedralisbruxellensis.be

Brüssels größte und schönste Kirche, an der man ab 1225 drei Jahrhunderte lang baute, wurde sorgfältig restauriert. Der honigfarbene Stein der Zwillingstürme (15. Jh.) glänzt in der Abendsonne besonders schön. Die Kathedrale, ein prächtiges Beispiel für die zierliche Bra-

Das Pentagon

Die erste Stadtmauer um Brüssel wurde 1100 gebaut. Da die Stadt schnell wuchs, ersetzte man die Befestigung im Jahr 1379 durch eine neue. So ergab sich das noch heute erkennbare Fünfeck. Die Mauern wurden im 19. Jahrhundert abgerissen, um Platz für baumbestandene Boulevards zu schaffen. Von den Stadttoren ist nur die Porte de Hal erhalten.

banter Gotik, besitzt herrliche Buntglasfenster des 16. Jahrhunderts und eine wundervolle Barockkanzel (1699). Geweiht ist die Kirche dem hl. Michael, Schutzpatron der Stadt, und Gudula, einer Heiligen aus dem 8. Jahrhundert, die den Teufel überlistet haben soll.

⑨ Manneken Pis

In Brüssel ist er allgegenwärtig – der freche Knirps, der ganz unbekümmert vor sich hin pinkelt, wie es kleine Jungen tun. Die Figur ist auf Postkarten, T-Shirts, Schlüsselanhängern, Korkenziehern etc. zu finden. Am besten sucht man aber das Original auf und schießt ein Erinnerungsfoto *(siehe S. 16)*.

⑩ Église St-Jean-Baptiste au Béguinage

Karte B1 ▪ **Place du Béguinage**
▪ +32 (0)2 217 8742 ▪ Di – Sa 10 – 17, So 10 – 20 Uhr

Diese Kirche mit eindrucksvoller Fassade wurde im 17. Jahrhundert erbaut. Sie gilt als eine der schönsten des Landes und war einst Teil eines *béguinage (siehe S. 92)*.

Église St-Jean-Baptiste

Spaziergang

Église Sainte-Catherine
Rue A. Dansaert
La Bourse
Cathédrale des Saints Michel et Gudule
Parc de Bruxelles
Grand Place
Maison Dandoy
Manneken Pis
Musée des Instruments de Musique
Musées royaux des Beaux-Arts
Palais Royal
Bezirk Sablon
Rue de la Régence

▶ Vormittag

Beginnen Sie mit dem Wichtigsten: einem Spaziergang über die **Grand Place** *(siehe S. 14f)* und einem Besuch bei **Manneken Pis** *(siehe S. 16)*. Unterwegs sollten Sie sich in der **Maison Dandoy** eine Waffel gönnen. Gehen Sie zurück zu **La Bourse** *(siehe S. 16)* und westwärts entlang der **Rue Antoine Dansaert**, wo sich Modeläden aneinanderreihen. Biegen Sie rechts ab in die Rue du Vieux Marché aux Grains und gehen Sie zur **Église Sainte-Catherine**. Die Kirche wurde 1854 von Joseph Poelaert entworfen und steht am Beginn eines jetzt von der Place Sainte-Catherine überbauten Kanals. Wo einst der Fischmarkt lag, gibt es heute Fischrestaurants, in denen man gut zu Mittag essen kann.

Nachmittag

Gehen Sie in östlicher Richtung zurück und besichtigen Sie die **Cathédrale des Saints Michel et Gudule**. Danach führt die Rue Royale bergan. Nach einem Spaziergang durch den **Parc de Bruxelles** gehen Sie zum **Palais Royal** *(siehe S. 76)* und zur Place Royale (17. Jh.) mit der Statue des Kreuzfahrers Gottfried von Bouillon (11. Jh.). In der Nähe liegen die **Musées royaux des Beaux-Arts de Belgique** *(siehe S. 18f)* und das **Musée des Instruments de Musique** *(siehe S. 20f)*. Nach den Museen geht es über die **Rue de la Régence** weiter zu den Cafés und Schokoladenläden im Bezirk **Sablon**.

Siehe Karte S.72

Dies & Das

(1) Galeries Royales Saint-Hubert

Als sie 1847 eröffnet wurde, war die elegante Einkaufspassage die größte Europas *(siehe S. 16)*.

(2) Musée du Costume et de la Dentelle

Das Haus widmet sich der Geschichte der Spitzenfertigung, die im Brüssel des 19. Jahrhunderts Tausende Frauen beschäftigte *(siehe S. 16)*.

(3) Place des Martyrs
Karte C2

Die 445 »Märtyrer«, die bei der Revolution 1830 starben, sind in einer Krypta unter dem Platz begraben.

(4) Église Notre-Dame de la Chapelle
Karte B4 ▪ Place de la Chapelle ▪ tägl. 9–19 Uhr (Nov–Feb: bis 18 Uhr)

Die große Kirche mit der beeindruckenden Atmosphäre wirkt wie ein Brueghel-Gemälde. Sie birgt auch das Grab von Pieter Brueghel d. Ä.

(5) Palais Royal & BELvue Museum
Karte D4 ▪ Place des Palais ▪ Palais Royal: +32 (0)2 551 2020; Ende Juli–Mitte Sep: Di–So 10.30–16.30 Uhr ▪ BELvue Museum: +32 (0)2 500 4554; Di–Fr 9.30–17, Sa, So 10–18 Uhr (Juli, Aug: Di–So 10–18 Uhr) ▪ Eintritt

Die prunkvollen Räume des königlichen Palastes verdeutlichen, wie die Brüsseler Aristokratie lebte. Das angrenzende Museum erläutert die Geschichte der belgischen Königsfamilie ab 1830.

(6) Palais de Charles de Lorraine
Karte C4 ▪ Place du Musée 1 ▪ 1. Sa im Monat: 9–17 Uhr (außer Juli, Aug) ▪ Eintritt

In den Räumen des weitläufigen Palais aus dem 18. Jahrhundert sind erlesene Möbel, Porzellan, Uhren und andere Kunstgegenstände zu sehen.

(7) Cinematek
Karte D4 ▪ Rue Baron Horta 9 ▪ +32 (0)2 551 1900 ▪ tägl. ▪ Eintritt ▪ www.cinematek.be

Das Foyer eines Kinos birgt eine faszinierende Ausstellung zur Frühgeschichte des Films.

(8) Porte de Hal
Karte B6 ▪ Boulevard du Midi 150 ▪ +32 (0)2 534 3450 ▪ Di–Fr 9.30–17, Sa, So 10–17 Uhr ▪ Eintritt (1. Mi im Monat ab 13 Uhr frei)

Das Stadttor (14. Jh.) ist das einzige erhaltene der Stadt.

(9) Musée du Jouet
Karte E2 ▪ Rue de l'Association 24 ▪ +32 (0)2 219 6168 ▪ tägl. 10–13, 14–18 Uhr ▪ Eintritt

Das reich bestückte Spielzeugmuseum spricht sowohl Kinder als auch Erwachsene an.

(10) Palais de Justice
Karte B5 ▪ Place Poelaert ▪ Mo–Fr 9–15 Uhr

Der klassizistische Justizpalast beherrscht noch heute das Stadtbild.

Eingang des Palais de Justice

Shopping

1 Galeries Royales Saint-Hubert

Die große, äußerst elegante Einkaufspassage ist noch immer ein Besuchermagnet *(siehe S. 16)*.

2 Rue Neuve
Karte C2

In der Fußgängerzone sind alle großen europäischen Ladenketten vertreten. Am nördlichen Ende steht das Kaufhaus Inno.

3 Rue Antoine Dansaert
Karte A2

Lassen Sie sich nicht von der Umgebung täuschen – hier finden Sie exklusive Designermode. Alle Antwerpener Modeschöpfer sind mit Läden vertreten, außerdem gibt es Outlets bekannter belgischer Labels.

Stand auf dem Weihnachtsmarkt

4 Weihnachtsmarkt
Karte B3

Von Dezember bis Januar wird auf dem Markt in den Straßen rund um die Bourse und am Quai aux Briques Weihnachtliches angeboten.

5 Place du Grand Sablon
Karte C4

Direkt am Platz liegen einige Antiquitätenläden, gehen Sie aber auch in die Seitengassen. Die berühmten Chocolatiers Wittamer und Marcolini findet man ebenfalls hier *(siehe S. 63)*.

6 Avenue Louise & Galerie de la Toison d'Or
Karte C6/D5

Läden internationaler Top-Designer findet man in der Avenue Louise und im angrenzenden Boulevard de Wa-

Antiquarisches in der Galerie Bortier

terloo. Die Passage Galerie de la Toison d'Or ist ebenfalls eine gute Adresse zum Shoppen.

7 Um die Grand Place
Karte B3/C3

Rue Marché aux Herbes, Rue Marché au Charbon und Rue du Midi sind sehr gute Adressen für kleine Boutiquen, Juweliere, Buch- und Lebensmittelläden.

8 Galerie Bortier
Karte C3

Die kleine Schwester der Galeries Royales Saint-Hubert bietet antiquarische Bücher, Drucke und Poster.

9 Rue Blaes & Place du Jeu de Balle
Karte B5

Auf der Place du Jeu de Balle findet täglich von 6 bis 14 Uhr ein Flohmarkt statt. In der nahen Rue Blaes gibt es Kitsch, Kunst und Krempel.

10 Galerie Agora
Karte C3

In der labyrinthartigen Einkaufspassage finden Shopper überraschend preiswerte T-Shirts, Baseballmützen, Lederwaren, Modeschmuck, Räucherstäbchen und vieles mehr.

Siehe Karte S. 72

Bars & Cafés

1 Le Greenwich
Karte B2 ▪ Rue des Chartreux 7

Das Traditionslokal war einst ein Stammlokal des Malers René Magritte. Es ist heute vor allem bei Schachspielern beliebt.

Auf eine Partie Schach ins Le Greenwich

2 Le Roy d'Espagne
Karte C3 ▪ Grand Place 1

Das Interieur der berühmten Kneipe im Gildehaus der Bäcker erinnert ans Mittelalter. Hier gibt es auch einfache Gerichte.

3 Au Bon Vieux Temps
Karte C3 ▪ Impasse St-Nicolas 4

Die traditionsreiche, erholsame Taverne des 17. Jahrhunderts in einer Seitenstraße der Rue du Marché aux Herbes übersieht man leicht.

4 Chez Moeder Lambic
Karte B3 ▪ Place Fontainas 8

Die zentrale Filiale der bekannten Bar in der Brüsseler Gemeinde Saint-Gilles bietet auf ihrer Karte Hunderte, vorwiegend belgische Biersorten an, Dutzende davon gibt es frisch vom Fass. Bitten Sie im Zweifel die Kellner um eine Empfehlung – sie sind Kenner und ausgesprochen hilfsbereit.

5 Le Cirio
Karte B3 ▪ Rue de la Bourse 18

Le Cirio existiert seit 1886 und ist berühmt für sein *half-en-half* – einen Mix aus Champagner und anderem weißen Schaumwein.

6 La Fleur en Papier Doré
Karte B4 ▪ Rue des Alexiens 55

Eine der wenigen noch existierenden *estaminets*, die Kneipe, Café und Restaurant in einem sind, bietet gutes belgisches Bier und Bistro-Küche. Bilder und Memorabilien verweisen auf Protagonisten des Surrealismus, die hier einst verkehrten.

7 Wittamer
Karte C4 ▪ Place du Grand Sablon 12–13

Der Weltklasse-Chocolatier bietet auch Sitzgelegenheiten. So können Sie die leckeren Produkte bei einer Tasse Kaffee kosten.

8 Restaurant MIM
Karte D4 ▪ Rue Montagne de la Cour 2

Das Musikinstrumenten-Museum verfügt über ein fantastisches Dachterrassencafé *(siehe S. 20f)*.

9 Bonnefooi
Karte B3 ▪ Steenstraat/Rue des Pierres 8

Die quirlige Bar mit toller Atmosphäre bietet wochentags Live-Musik und am Wochenende DJs.

10 À La Mort Subite
Karte C2 ▪ Rue Montagne aux Herbes Potagères 7

Der Name der 1926 im Rokokostil neu gestalteten Bar »Zum plötzlichen Tod« sollte Sie nicht beunruhigen, er stammt lediglich von einem Würfelspiel.

À La Mort Subite

Nachtleben

Live-Musik im Archiduc

internationale DJs kommen, sind heiß begehrt. Das Interieur wird dem Namen des Clubs gerecht.

⑤ The Music Village
Karte B3 ■ Rue des Pierres 50
■ +32 (0)2 513 1345
Die Jazz- und Bluesbar bietet täglich Live-Musik, unter der Woche ab 20.30, am Wochenende ab 21 Uhr. Zu Abend essen kann man vor, aber auch zwischen den Sets.

⑥ Spirito Martini
Karte C6 ■ Rue Stassart 18
■ +32 (0)483 580 697
Der noble Club mit Restaurant residiert in einer früheren Kirche. Das Interieur – glitzerndes Gold, funkelnde Kristalle und tolle Beleuchtung – ist beeindruckend.

⑦ Madame Moustache
Karte B2 ■ 5–7 Quai au Bois à Brûler ■ +32 (0)489 739 912
Der Club mit Konzertbühne führt zurück in die 1950er bis 80er Jahre. Gespielt werden Rock'n' Roll, Swing, Funk und Jazz.

① Archiduc
Karte B2 ■ Rue Antoine Dansaert 6–8 ■ +32 (0)2 512 0652
Das Art-déco-Interieur der eleganten Bar erinnert an einen Luxusliner der 1930er Jahre. Am Flügel erklingen Jazzmelodien.

② Fuse
Karte B5 ■ Rue Blaes 208
■ +32 (0)2 511 9789
Hinter dem öden Äußeren eines Industriebaus liegt eine der besten Discos der Stadt. DJs spielen Techno und Drum 'n' Bass.

③ Bloody Louis
Karte C6 ■ Avenue Louise 32
■ www.bloodylouis.be
In dem beliebten Club in der Louise Gallery ist vor allem Electro zu hören. Regelmäßig sind renommierte DJs zu Gast.

④ Le Bazaar
Karte B5 ■ Rue des Capucins 63
■ +32 (0)2 511 2600
Der bekannte Club erstreckt sich über zwei Ebenen. Die Partys freitag- und samstagnachts, zu denen

⑧ Le You
Karte C3 ■ Rue Duquesnoy 18
■ +32 (0)477 750 750
Das musikalische Spektrum des zentral gelegenen Clubs reicht von Electro und House bis zu den Hits der 1980er Jahre und R & B. Sonntags lockt Le You überwiegend homosexuelle Besucher an.

⑨ Café Roskam
Karte B1 ■ Rue de Flandre 9
■ www.cafe-roskam.be
Die Bar verwandelt sich am Sonntagabend in einen Jazzclub.

⑩ Havana
Karte B5 ■ Rue de l'Épée 4
■ +32 (0)2 502 1224
Das Ambiente des Clubs ist lateinamerikanisch, die Musik international. Es gibt vier Bars und ein Restaurant.

Siehe Karte S. 72

Restaurants

① Comme Chez Soi
Karte B4 ▪ Place Rouppe 23 ▪ +32 (0)2 512 2921 ▪ So, Mo; Di, Mi mittags geschl. ▪ €€€ ▪ www.commechezsoi.be

Brüssels berühmtestes Restaurant hat zwei Michelin-Sterne. Um französische Spitzenküche zu erleben, muss man lange vorher reservieren.

L'Ecailler du Palais Royal

② L'Ecailler du Palais Royal
Karte C4 ▪ Rue Bodenbroek 18 ▪ +32 (0)2 512 8751 ▪ So, Aug geschl. ▪ €€€

Ein junges Team bringt Flair in das klassische Angebot des Fischrestaurants, das zu den renommiertesten Brüssels zählt.

③ Belga Queen
Karte C2 ▪ Rue du Fossé-aux-Loups 32 ▪ +32 (0)2 217 2187 ▪ €€

Das schicke Lokal in einer ehemaligen Bank präsentiert eine französisch-belgische Speisekarte.

④ Kwint
Karte C4 ▪ Mont des Arts 1 ▪ +32 (0)2 505 9595 ▪ So geschl. ▪ €€€

Unter einer raumgreifenden Skulptur von Arne Quinze genießt man in dem eleganten Restaurant erstklassige Fisch- und Pastagerichte.

⑤ Sea Grill, SAS Radisson
Karte C2 ▪ Rue du Fossé-aux-Loups 47 ▪ +32 (0)2 218 0800 ▪ Sa, So geschl. ▪ €€€

Das mit zwei Michelin-Sternen prämierte Fischrestaurant bietet wunderbar komponierte Speisen.

⑥ La Belle Maraîchère
Karte B2 ▪ Place Sainte-Catherine 11a ▪ +32 (0)2 512 9759 ▪ Mi, Do geschl. ▪ €€€ ▪ www.labellemaraichere.com

Das zeitlos wirkende, seit Jahrzehnten geschätzte Restaurant serviert erstklassige Fischgerichte.

⑦ Cospaia
Karte C5 ▪ Rue Crespel 1 ▪ +32 (0)2 513 0303 ▪ Mo, Di, So; Sa mittags geschl. ▪ €€ ▪ www.cospaia.be

Das Restaurant serviert Fusionsküche. Tagsüber ist der weiße Speisesaal der ideale Rahmen, während abends der schwarze Raum zu einem romantischen Dinner einlädt.

⑧ Aux Armes de Bruxelles
Karte C3 ▪ Rue des Bouchers 13 ▪ +32 (0)2 511 5550 ▪ €€

Das 1921 eröffnete Restaurant ist mit seiner klassisch-dezenten Eleganz und der makellosen Küche eine Institution in Brüssel.

⑨ Restaurant Vincent
Karte C3 ▪ Rue des Dominicains 8–10 ▪ +32 (0)2 511 2607 ▪ €€

Fliesenmalereien bilden den angemessenen Rahmen für köstliche Muscheln und saftige Steaks.

⑩ L'Idiot du Village
Karte B4 ▪ Rue Notre-Seigneur 19 ▪ +32 (0)2 502 5582 ▪ Sa, So geschl. ▪ €€€

Die Einheimischen schätzen das Lokal seit Langem für seine gute Küche und das legere Ambiente.

Bunter Salat mit Schinkenstücken

Brasserien & Bistros

Preiskategorien

Preis für ein Drei-Gänge-Menü pro Person mit einer halben Flasche Wein, inkl. Steuern und Service.

€ unter 40 €   €€ 40 – 60 €   €€€ über 60 €

1 Cap d'Argent
Karte D3 ▪ Rue Ravenstein 10 ▪ +32 (0)2 513 0919 ▪ So, Mo; Sa mittags geschl. ▪ €
Schlichtes Bistro mit belgischen Klassikern und gutem Service.

2 In 't Spinnekopke
Karte A3 ▪ Place du Jardin aux Fleurs 1 ▪ 02 511 8695 ▪ So geschl. ▪ €
Der *estaminet* steht zu seiner Tradition seit dem 18. Jahrhundert und serviert regionale Speisen.

3 Bozar Restaurant
Karte D3 ▪ Rue Baron Horta 3 ▪ +32 (0)2 503 0000 ▪ So, Mo; Sa mittags geschl. ▪ €€€ ▪ www.bozarbrasserie.be
Das 1928 von Victor Horta gestaltete Art-déco-Juwel bietet erstklassige, mit einem Michelin-Stern prämierte belgische Küche.

4 Les Petits Oignons
Karte C5 ▪ Rue de la Régence 25 ▪ +32 (0)2 511 7615 ▪ €€
Ein Abend in dieser gefeierten eleganten Brasserie ist ein Vergnügen. Die wunderbar zusammengestellte Weinkarte ergänzt die Speisen ideal.

5 Nüetnigenough
Karte B3 ▪ Rue du Lombard 25 ▪ +32 (0)2 513 78 84 ▪ €
Bistro mit belgischen Spezialitäten und sehr guter Bierauswahl.

6 Le Pain Quotidien
Karte B2 ▪ Rue Antoine Dansaert 16a ▪ +32 (0)2 502 2361 ▪ €
»Das tägliche Brot« hat sich mit exzellenten Broten und mit köstlichem Gebäck einen Namen gemacht.

Neben dieser zentralen Filiale gibt es mittlerweile viele weitere im gesamten Stadtgebiet.

7 Chez Patrick
Karte C3 ▪ Rue des Chapeliers 6 ▪ +32 (0)2 511 9815 ▪ So, Mo geschl. ▪ €€
Das traditionsreiche wie beliebte Restaurant hält dankenswerterweise an seiner soliden, angesichts der Lage unweit der Grand Place vergleichsweise preiswerten belgischen Küche unbeirrt fest.

Art-déco-Juwel Taverne du Passage

8 Taverne du Passage
Karte C3 ▪ Galerie de la Reine 30 ▪ +32 (0)2 512 3731 ▪ Mo ▪ €€
Das traditionelle belgische Diner aus den 1930er Jahren serviert exzellente Fischgerichte.

9 't Kelderke
Karte C3 ▪ Grand Place 15 ▪ +32 (0)2 513 7344 ▪ €
Die gute, durch und durch belgische Küche des Kellerlokals aus dem 17. Jahrhundert lockt Einheimische und Besucher an.

10 Chez Léon
Karte C3 ▪ Rue des Bouchers 18 ▪ +32 (0)2 511 1415 ▪ €
Die Spezialität des im Jahr 1893 eröffneten Hauses sind *moules-frites*. Es gehört mittlerweile zu einer internationalen Kette.

Siehe Karte S. 72

TOP 10 Umgebung von Brüssel

Parc du Cinquantenaire

Brüssel wuchs im Lauf der Zeit über das alte Stadtgebiet hinaus und schloss die Vororte des Umlandes mit ein. Die Außenbezirke Ixelles, Anderlecht und Saint-Gilles bieten eine reizvolle Vielfalt. Das gute öffentliche Verkehrsnetz bringt Besucher bequem zu den hier vorgestellten Sehenswürdigkeiten.

1 Art & Design Atomium Museum (ADAM)

Karte F1 ▪ Place de Belgique, Laeken ▪ +32 (0)2 669 4929 ▪ tägl. 10–18 Uhr ▪ Eintritt ▪ www.adamuseum.be
Im Schatten des Atomiums dreht sich in diesem modernen Museum alles um modernes Design. Die

Sammlung Plasticarium ist mit insgesamt etwa 2000 Exponaten aus Plastik die größte ihrer Art in ganz Europa und reicht von spielerischer Pop-Art bis zum postmodernen Freischwinger-Stuhl. Sonderausstellungen widmen sich verschiedensten Stilarten.

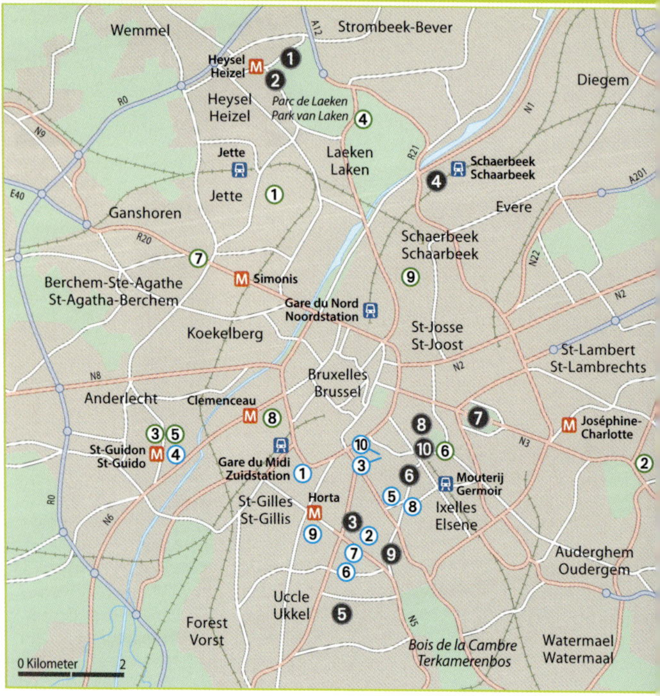

Das Atomium – Wahrzeichen Brüssels

2 **Atomium**
Karte F1 ■ **Square de l'Atomium, Laeken** ■ **+32 (0)2 475 4775** ■ **tägl. 10–18 Uhr** ■ **Eintritt** ■ **www.atomium.be**
Das riesige Modell eines Eisenkristalls wurde für die Weltausstellung von 1958 errichtet. Es ist 102 Meter hoch und besteht aus neun Kugeln mit jeweils 18 Metern Durchmesser.

Steenokkerzeel

✈ Zaventem

A201

Zaventem

E40

Kraainem

Wezembeek Oppem

Stockel Ⓜ

Woluwe-St-Pierre
St-Pieters-Woluwe

Tervuren ⑩

① **Top-10-Attraktionen**
siehe S. 82–85

① **Restaurants, Cafés & Bars** *siehe S. 87*

① **Dies & Das**
siehe S. 86

3 **Musée Horta**
Das Wohnhaus des großen Architekten ist eine Symphonie des Art-nouveau-Designs *(siehe S. 22f)*.

4 **Train World**
Karte G2 ■ **Place Princesse Élisabeth 5, Schaerbeek** ■ **+32 (0)2 224 7498** ■ **Di–So 10–17 Uhr (letzter Einlass 15.30 Uhr)** ■ **Eintritt** ■ **www.trainworld.be**
Für das 2015 eröffnete Museum wurde erstmals eine Sammlung historischer Züge und Lokomotiven der belgischen Eisenbahn NMBS/SNCB zusammengetragen. Die Exponate reichen bis in die 1840er Jahre und werden dramatisch mit Licht- und Toneffekten in Szene gesetzt. Der restaurierte Bahnhof Schaerbeek aus dem 19. Jahrhundert – erreichbar mit Zug, Tram und Bus – dient zugleich als Ausstellungsbereich, der über den Eisenbahngarten mit einer modernen Industriehalle mit den wichtigsten Exponaten der Sammlung verbunden ist.

Van Buuren Museum

5 **Van Buuren Museum**
Karte G3 ■ **Ave Léo Errera 41, Uccle** ■ **+32 (0)2 343 4851** ■ **Mi–Mo 14–17.30 Uhr** ■ **Eintritt** ■ **www.museumvanbuuren.be**
Das 1928 erbaute Wohnhaus von David und Alice van Buuren ist mit seinen originalen Art-déco-Möbeln und -Designelementen ein einzigartiges Zeitzeugnis.

⑥ Musée d'Ixelles
Karte E7 ▪ Rue Jean Van
Volsem 71, Ixelles ▪ +32 (0)2 515 6421
▪ Di–So 9.30–17 Uhr ▪ Eintritt
▪ www.museumofixelles.irisnet.be
Für Kunstfreunde lohnt es sich, zu
dieser kleinen, aber vorzüglichen
Sammlung in den südlichen Vorort
Brüssels zu fahren. Das Musée
d'Ixelles präsentiert kleinere Werke
großer Meister wie Rembrandt,
Delacroix und Picasso und besitzt
eine einzigartige Sammlung von
Originalplakaten von Toulouse-
Lautrec. Außerdem sind Werke von
Symbolisten wie Léon Spilliaert und
Léon Frédéric sowie Skulpturen und
fauvistische Gemälde von Rik Wou-
ters sowie Werke des Surrealismus,
u. a. von René Magritte, zu sehen.

Léopold II.
Belgiens zweiter König regierte von 1865
bis 1909. Léopold II. war für Modernisie-
rungen zu begeistern und initiierte viele
Bauvorhaben. Entschlossen, Belgien als
Kolonialmacht zu stärken, schuf und
regierte er Belgisch-Kongo. Seine Herrschaft über die koloniale Besitzung war
jedoch brutal – Millionen Menschen starben in dem Land.

l'Armée et d'Histoire Militaire ganz in
der Nähe widmet sich der Militär-
geschichte, während Autoworld eine
Oldtimer-Sammlung präsentiert. Im
Park befinden sich auch das Atelier
de Moulage und der Pavillon Horta,
ein klassizistischer Bau, den Victor
Horta in jungen Jahren entwarf.

Galerie im Musée d'Ixelles

⑦ Parc du Cinquantenaire
Karte H4 ▪ Parc du Cinquantenaire ▪ Musées royaux d'Art et
d'Histoire: +32 (0)2 741 7331; Di–Fr
9.30–17, Sa, So 10–17 Uhr; Eintritt
(1. Mi im Monat ab 13 Uhr frei);
www.kmkg-mrah.be ▪ Musée Royal
de l'Armée: +32 (0)2 737 7811; Di–So
9–17 Uhr; Eintritt; www.klm-mra.be
▪ Autoworld: +32 (0)2 736 4165;
Apr–Sep: tägl. 10–18 Uhr, Okt–März:
10–17 Uhr; Eintritt; www.autoworld.be
1880 veranstaltete König Léopold II.
zum 50. Gründungstag des König-
reiches eine internationale Messe.
Die damals errichteten Ausstel-
lungshallen beherbergen heute
gemeinsam mit den Nachfolgebau-
ten einen Komplex von Museen.
Besonders faszinierend sind die
Musées royaux d'Art et d'Histoire,
deren Sammlung von archäologischen Funden über anthropologi-
sche Artefakte bis zum Kunstge-
werbe reicht. Das Musée Royal de

⑧ Europäisches Parlament & Parlamentarium
Karte F5 ▪ Rue Wiertz 60 ▪ +32 (0)2 283
2222 ▪ Mo–Do 9, 10, 11, 14, 15, 16 Uhr,
Fr 9, 10, 11 Uhr (mit Multimedia-Guide)
▪ Parlamentarium: Mo 13–18,
Di–Fr 9–18, Sa, So 10–18 Uhr
▪ www.europarl.europa.eu
▪ Maison de l'histoire européenne:
Karte F4 ▪ Rue Belliard 135 ▪ Mo
13–18, Di–Fr 9–18, Sa, So 10–18 Uhr
Aus der Ferne wirkt der politische
Alltag der Europäischen Union (EU)
spröde. Ein Besuch des Parlaments
und des Besucherzentrums ver-
schafft lebensnahe Eindrücke. Das
Parlament kann man mit Multi-
media-Führer erkunden. Das Parlamentarium informiert über Geschichte, Gegenwart und Zukunft

Europäisches Parlament

der EU. Man erfährt viel über europäische Gesetzgebung, zudem kann man alle Sprachen der Union hören. Das »Haus der europäischen Geschichte« gleich neben dem Parlament widmet sich seit 2017 der Historie, beleuchtet aber auch die Zukunft Europas.

⑨ Musée Meunier

Karte G2 ▪ Rue de l'Abbaye 59, Ixelles ▪ +32 (0)2 648 4449 ▪ Di – Fr 10 –12, 12.45 –17 Uhr ▪ www.fine-arts-museum.be

Constantin Meunier (1831–1905) war ein bedeutender Bildhauer des 19. Jahrhunderts, berühmt für seine Bronzeplastiken von Arbeitern – insbesondere von *puddleurs* (Schmieden). Das Museum ist im einstigen Wohnhaus des Künstlers untergebracht und zeigt Beispiele seines Schaffens, darunter auch Gemälde.

L'inhumation précipitée, Antoine Wiertz

⑩ Musée Wiertz

Karte F5 ▪ Rue Vautier 62, Ixelles ▪ +32 (0)2 648 1718 ▪ Di – Fr 10 –12, 12.45 –17 Uhr (Sa, So nur Gruppen) ▪ www.fine-arts-museum.be

Das Musée Wiertz ist eines der ungewöhnlichsten Museen in Brüssel. Antoine Wiertz (1806 –1865) war ein Künstler, dessen Selbsteinschätzung sein tatsächliches Talent bisweilen überstieg. Als junger Mann wurde er von Gönnern gefördert, doch der wachsende Erfolg stieg ihm zu Kopf. Er ließ sich dieses riesige Atelier bauen, um Bilder von der Dimension der Werke Michelangelos malen zu können. Die gewaltigen Gemälde sind durchaus interessant; von den kleineren Arbeiten wirken manche sehr makaber oder auch extrem moralisierend.

Durch das Brüssel Léopolds II.

▶ Vormittag

Ziehen Sie bequemes Schuhwerk an – die Wegstrecke beträgt etwa fünf Kilometer und beinhaltet viele Museumsbesuche. Sie sollten den Spaziergang nicht unbedingt an einem Montag machen, wenn die meisten Museen geschlossen haben. Starten Sie an der **Métro-Station Schuman** mitten im Europa-Viertel, nahe dem Justus-Lipsius-Gebäude. Wenn Sie fit sind, gehen Sie die Rue Archimède entlang, um das eigenartigste Art-nouveau-Haus überhaupt zu sehen: das **Hôtel Saint-Cyr** *(siehe S. 48)* am Square Ambiorix. Alternativ können Sie in den **Parc du Cinquantenaire** *(siehe S. 84)* gehen und eines der dort ansässigen Museen besuchen. An der **Place Jourdan** finden Sie Cafés und Restaurants für eine Mittagspause.

Nachmittag

Überqueren Sie die Place Léopold zum **Musée Wiertz** und gehen Sie dann einen Kilometer weiter zum **Musée d'Ixelles** *(siehe S. 84)*. Danach besuchen Sie das **Café Belga** *(siehe S. 87)* im Flagey-Rundfunkhaus aus den 1930er Jahren oder gehen die Chaussée de Vleurgat entlang zum **Musée Meunier**. Etwa zehn Minuten sind es dann noch bis zum **Musée Horta** *(siehe S. 22f)*. Von hier können Sie entweder mit der Tram zurückfahren oder sich auch noch die Art-nouveau-Häuser *(siehe S. 48f)* ansehen und den Tag im Restaurant **Le Clan des Belges** *(siehe S. 87)* beschließen.

Siehe Karte S. 82f

Dies & Das

(1) Musée René Magritte
Karte F1 ▪ Rue Esseghem 135
▪ +32 (0)2 428 2626 ▪ Mi–So 10–18 Uhr
▪ Eintritt ▪ www.magrittemuseum.be
Magrittes Wohnhaus dient heute als
Museum.

(2) Musée du Tram
Karte G2 ▪ Ave de Tervuren
364b, Woluwe-Saint-Pierre
▪ +32 (0)2 515 3108 ▪ Apr–Sep: Mi
14–18, Sa, So 13–19 Uhr ▪ Eintritt
▪ www.trammuseum.brussels
Das Straßenbahnmuseum verfügt
über zahlreiche historische Trams.

(3) Béguinage d'Anderlecht
Karte F2 ▪ Rue du Chapelain 8
▪ +32 (0)2 521 1383 ▪ Di–So 10–12,
14–17 Uhr ▪ Eintritt
Das Museum widmet sich Leben und
Alltag der *béguines (siehe S. 92)*.

Serres Royales de Laeken

**(4) Serres Royales
de Laeken**
Karte G1 ▪ Ave du Parc Royal (Domaine
Royal) ▪ +32 (0)2 551 20 20 ▪ Apr,
Mai (Öffnungszeiten siehe Website)
▪ Eintritt ▪ http://open.monarchie.be
Besuchen Sie die Königlichen Ge-
wächshäuser in Laeken.

(5) Maison d'Érasme
Karte F2 ▪ Rue du Chapitre 31,
Anderlecht ▪ +32 (0)2 521 1383 ▪ Di–
So 10–18 Uhr ▪ Eintritt (inkl. Béguinage
d'Anderlecht; erster So im Monat frei)
▪ www.erasmushouse.museum
Das Ziegelhaus, das Erasmus von
Rotterdam 1521 bewohnte, erinnert
an dessen Werk.

Muséum des Sciences Naturelles

**(6) Muséum des Sciences
Naturelles**
Karte F5 ▪ Rue Vautier 29 ▪ Di–Fr
9.30–17, Sa, So 10–18 Uhr ▪ Eintritt
▪ www.naturalsciences.be
Weltberühmtes Naturkundemuseum.

**(7) Basilique Nationale du
Sacré-Cœur**
Karte F1 ▪ Parvis de la Basilique 1,
Ganshoren ▪ +32 (0)2 421 1660
▪ Dachterrasse und Aussichtskuppel:
Ostern–Okt: 9–17 Uhr; Nov–Ostern:
10–16 Uhr ▪ Eintritt (nur für Kuppel)
▪ Kirche: Sommer: 8–18 Uhr; Winter:
8–17 Uhr
Das Art-déco-Bauwerk bietet von
seiner Kuppel einen tollen Ausblick.

(8) Cantillon
Karte A4 ▪ Rue Gheude 56,
Anderlecht ▪ +32 (0)2 521 4928 ▪ Mo,
Di, Do–Sa 10–17 Uhr (letzter Einlass
16 Uhr) ▪ Eintritt (inkl. Bierverkostung)
▪ www.cantillon.be
Das sehenswerte Biermuseum be-
findet sich in einer alten Brauerei.

(9) Maison Autrique
Karte G2 ▪ Chaussée de Haecht
266, Schaerbeek ▪ Mi–So 12–18 Uhr
▪ Eintritt ▪ www.autrique.be
Victor Hortas erstes Bauprojekt
(siehe S. 54).

**(10) Koninklijk Museum voor
Midden-Afrika**
Karte H2 ▪ Leuvensesteenweg 13,
Tervuren ▪ +32 (0)2 769 5211
▪ www.africamuseum.be
Königliches Museum für Zentral-
afrika mit spannenden Sammlungen.

Siehe Karte S. 82f

Restaurants, Cafés & Bars

Preiskategorien

Preis für ein Drei-Gänge-Menü pro Person mit einer halben Flasche Wein, inkl. Steuern und Service.

€ unter 40 €   €€ 40 – 60 €   €€€ über 60 €

① La Porteuse d'Eau
Karte A6 ▪ Jean Volders 48, Saint-Gilles ▪ +32 (0)2 537 6646 ▪ €
Zu den Spezialitäten dieser gemütlichen Brasserie mit Art-déco-Flair zählen Gerichte wie Steak mit Pommes frites und *moules marinières* (Muscheln in Weißwein). Dazu wird eine gute Auswahl an Bier- und Weinsorten angeboten.

② La Quincaillerie
Karte G2 ▪ Rue du Page 45, Ixelles ▪ +32 (0)2 533 9833 ▪ So mittags geschl. ▪ €€
Das großteils original erhaltene Interieur der einstigen Eisenwarenhandlung und die guten Speisen entschädigen für den ruppigen Service.

③ Le Clan des Belges
Karte D6 ▪ Rue de la Paix 20, Ixelles ▪ +32 (0)2 511 1121 ▪ €
Die quirlige Brasserie wird von den Einheimischen für die klassische, preiswerte Küche geschätzt.

④ Le Chapeau Blanc
Karte F2 ▪ Rue Wayez 200, Anderlecht ▪ +32 (0)2 520 0202 ▪ €€
In der einladenden Brasserie genießt man exzellente Muscheln und Austern sowie Steaks.

⑤ Rouge Tomate
Karte C6 ▪ Ave Louise 190, Ixelles ▪ +32 (0)2 647 7044 ▪ Sa mittags, So geschl. ▪ €€
Die mediterranen Gerichte sind auch für Vegetarier ein Genuss.

⑥ Le Balmoral Milk Bar
Karte G2 ▪ Place Georges Brugmann 21, Ixelles ▪ +32 (0)2 347 0882 ▪ Mo, Di geschl. ▪ €
Das beliebte Lokal im Stil der 1960er Jahre ist für seine Hamburger und Milch-Shakes bekannt.

⑦ La Canne en Ville
Karte G2 ▪ Rue de la Réforme 22, Ixelles ▪ +32 (0)2 347 2926 ▪ Sa mittags, So; Juli, Aug: Sa, So geschl. ▪ €€€
Das hübsche Restaurant in einer geschmackvoll umgebauten Metzgerei bietet französische Küche.

⑧ Café Belga (Flagey-Rundfunkhaus)
Karte G2 ▪ Place Eugène Flagey, Ixelles ▪ +32 (0)2 640 3508 ▪ www.cafebelga.com ▪ €
Das Szenecafé der Schickeria Brüssels fungiert auch als Musikbühne. Es ist in dem Flagey-Rundfunkhaus im Art-déco-Stil aus den 1930er Jahren untergebracht.

⑨ Moeder Lambic
Karte G2 ▪ Rue de Savoie 68, Saint-Gilles ▪ +32 (0)2 544 1699 ▪ €
Die Kneipe führt rund 450 belgische und internationale Biersorten.

⑩ L'Ultime Atome
Karte D5 ▪ Rue St-Boniface 14, Ixelles ▪ +32 (0)2 513 4884 ▪ tägl. ▪ €€
Die schicke Brasserie mit Art-déco-Elementen überzeugt mit ausgesuchten Bieren und mit guten Weinen.

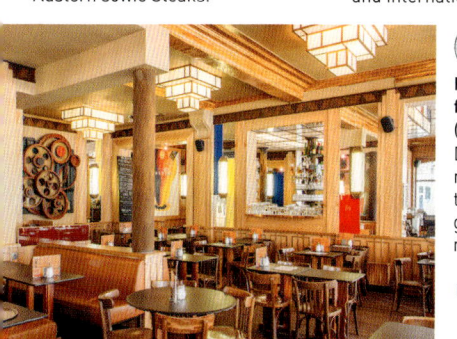

L'Ultime Atome

TOP10 Brügge

Brügge war im Mittelalter eine der reichsten Städte Europas. Der Wohlstand basierte auf dem Handel mit Seide, Pelzen, asiatischen Teppichen, Wein, Früchten und sogar exotischen Tieren, die auf den Kanälen umgeschlagen wurden. Um 1500 fiel die Stadt in einen Dornröschenschlaf, der rund 400 Jahre dauern sollte. Brügge verlor seine Bedeutung als Handelszentrum. Ende des 19. Jahrhunderts wurde Brügge als historisches Juwel entdeckt und restauriert. Seitdem strömen Besucher in die Stadt.

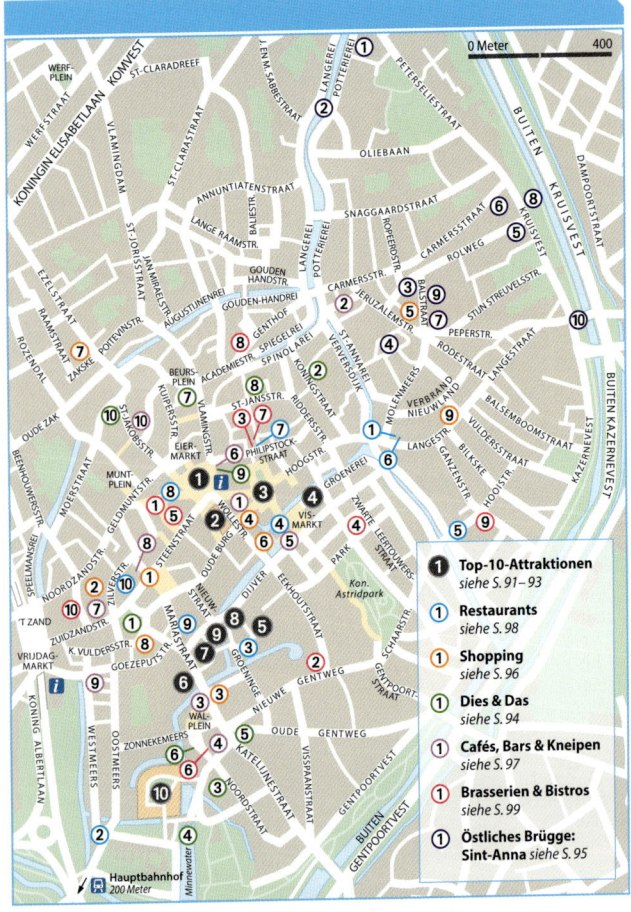

Vorherige Doppelseite Restaurants am abendlichen Markt, Brügge

Herrliche Zunfthäuser mit Stufengiebel säumen den Markt

① Markt
Karte K4

Den zentralen Marktplatz Brügges säumen viele Originalbauten, darunter einige Zunfthäuser mit Stufengiebeln. Der Provinciaal Hof an der Ostseite stammt dagegen aus dem späten 19. Jahrhundert. Im linken Flügel des Gebäudes führt das Multimedia-Museum Historium *(siehe S. 94)* seine Besucher ins Mittelalter zurück. Der Platz ist bis heute Brügges Mittelpunkt. Hier findet am Mittwochmorgen der Markt statt. Im Dezember locken ein kleiner Weihnachtsmarkt und eine Eisbahn.

② Belfort
Karte K4 ▪ Markt 7 ▪ tägl. 9.30 – 18 Uhr (letzter Einlass 17 Uhr) ▪ Eintritt

Den Aufstieg über 366 Stufen zur Spitze des Glockenturms belohnt ein herrlicher Blick über das mittelalterliche Brügge. Das Spiel der 47 Glocken wird durch einen 1748 installierten Mechanismus gesteuert – oder auch per Klaviatur vom städtischen *beiaardier* (Glockenspieler), der scherzhaft als Brügges bestbezahlter Beamter bezeichnet wird.

③ Burg

Der zauberhafte Platz – eng umbaut und prächtig ausgestattet mit historischen Gebäuden, Skulpturen und Verzierungen – war das Herz des alten Brügge *(siehe S. 28f)*.

④ Steenhouwersdijk & Groenerei
Karte L4

Gleich südlich der Burg spiegeln sich mittelalterliche Brücken und Bauten im ruhigen Wasser eines idyllischen Kanalabschnitts. An dieser Stelle wird der Steenhouwersdijk (Steinmetzdamm) zum Groenerei (grünen Kanal). Das malerische Armenhaus De Pelikaan am Ufer stammt aus dem Jahr 1714 und hat seinen Namen vom christlichen Symbol für Nächstenliebe.

Am Steenhouwersdijk

⑤ Groeningemuseum

In dem kleinen Museum ist eine der herausragendsten Sammlungen nordeuropäischer Kunst zu sehen. Die Schwerpunkte setzen spätmittelalterliche flämische Meister wie Jan van Eyck und Hans Memling *(siehe S. 30f)*.

⑥ Sint-Janshospitaal

Das Sint-Janshospitaal zählte zu den wichtigsten Auftraggebern des großen flämischen Meisters Hans Memling (1435–1494). Das schön restaurierte mittelalterliche Gebäude birgt eine faszinierende Mischung aus kostbaren Artefakten, Gemälden und historischen medizinischen Exponaten sowie eine Apotheke aus dem 15. Jahrhundert. Unbestreitbarer Höhepunkt des Museums, das man mit Audioführer erkunden kann (mit der Eintrittskarte erhältlich), ist die Sammlung von Memlings Werken in der Kapelle (siehe S. 30f).

⑦ Onze-Lieve-Vrouwekerk

Karte K5 ■ **Mariastraat** ■ **Mo – Sa 9.30–17, So 13.30–17 Uhr** ■ **Eintritt für das Museum (Kirche frei)**

Der Turm der Liebfrauenkirche zählt zu den Wahrzeichen von Brügge. Das Gebäude zeigt eine Mischung verschiedenster Stile: Außen gibt sich die Kirche, an der ab 1220 über zwei Jahrhunderte lang gebaut wurde, im strengen Gewand der Schelde-Gotik. Im hauptsächlich gotisch gehaltenen Innenraum sind die Statuen und eine auffällige Kanzel (1743) sehenswert. Überraschenderweise findet sich in diesem so weit in Europas Norden gelegenen Gotteshaus ein

Béguinages

Diese Gemeinschaften wurden im 13. Jahrhundert für die zahllosen Frauen (béguines / Beginen) gegründet, die durch die Kreuzzüge ledig geblieben oder zu Witwen geworden waren. Ein béguinage bzw. ein begijnhof war kein Kloster: Béguines durften (wieder) heiraten. Die heute noch bestehenden béguinages dienen nach wie vor als Häuser für sozial Schwache.

sehenswertes Werk von Michelangelo: Die Madonna mit Kind von 1504/05 ist ein eindrucksvolles Zeugnis der engen Verbindung Brügges mit dem Italien der Renaissance. Im interessanten Museum der Kirche sind die verzierten Sarkophage von Karl dem Kühnen (1433–1477), dem Herzog von Burgund, und seiner Tochter Maria (1457–1482) zu sehen.

⑧ Arentshuis

Karte K4 ■ **Dijver 16** ■ **Di – So 9.30–17 Uhr** ■ **Eintritt**

William Curtis Brangwyn (1837–1907), der Vater des Malers Frank Brangwyn (1867–1956), gehörte zu jener Gruppe britischer Künstler und Architekten, die der Stadt ihre gotische Pracht zurückgab. Frank Brangwyn vermachte seiner Geburtsstadt eine beeindruckende Sammlung seiner Arbeiten, die heute in der oberen Etage des im späten 18. Jahrhundert erbauten Arentshuis besichtigt werden kann. Das Erdgeschoss dient für Wechselausstellungen.

Onze-Lieve-Vrouwekerk

9 Gruuthusemuseum

Karte K4 ■ Dijver 17 ■ Öffnungszeiten siehe www.museabrugge.be

Haushaltsgegenstände, Musikinstrumente, Möbel, Textilien, Waf-
fen – mit seiner vielfältigen Sammlung von Alltagsgegenständen aus
verschiedenen Kaufmannshäusern
vermittelt dieses Museum anschaulich, wie man in Brügge in den ver-
gangenen Jahrhunderten lebte. In
dem palastartigen Gebäude aus dem
15. Jahrhundert residierten einst die
Herren von Gruuthuse, die durch
Steuern auf verschiedene Zutaten,
die für das Bierbrauen (gruut) benötigt wurden, große Reichtümer an-
häuften. Zeichen für das Ansehen
der Herren ist die Galerie des Hauses, die auf den Chor der Onze-
Lieve-Vrouwekerk gerichtet ist.

Gruuthusemuseum

10 Begijnhof

Karte K5 ■ Wijngaardstraat
■ Gelände: tägl. 6.30–18.30 Uhr;
Begijnhuisje: 10–17 Uhr ■ Eintritt für
Begijnhuisje (Gelände frei)

Im Ensemble des Beginenhofs, von
1245 bis 1928 die Heimstätte für Gemeinschaften der béguines (siehe
Kasten S. 92) und heute von Benedik-
tinernonnen geführt, zeigt sich auch
ein wenig die »Seele« Brügges. Die
weißen Häuser der Beginen stammen aus dem 17. und 18. Jahrhundert. Sie sind rund um einen Park
gruppiert. Die Kirche und das als
Museum eingerichtete Begijnhuisje
können besichtigt werden.

Ein Tag in Brügge

▶ Vormittag

Von der **Burg** (siehe S. 28f) aus
queren Sie Richtung Süden die
Blinde Ezelstraat, um die Kanäle
Steenhouwersdijk und **Groenerei**
(siehe S. 91) entlangzubummeln.
Über den Huidenvettersplein ge-
langen Sie zum **Dijver**, wo Sie ein
herrlicher Blick auf die Stadt erwartet. An der **Onze-Lieve-Vrouwekerk** vorbei kommen Sie zu
Mariastraat und Katelijnestraat.
Dort lockt heiße Schokolade im
Café **De Proeverie** (siehe S. 97).
Folgen Sie anschließend der
Wijngaardstraat zum **Begijnhof**.
Nach einem Spaziergang rund
um das **Minnewater** (siehe S. 94)
geht es durch die Katelijnestraat
mit ihren Armenhäusern (Nr. 87–
101 und 79–83) zurück. Für ein
Mittagessen bieten sich mehrere
Cafés und Bistros in der Dweersstraat an (siehe S. 99).

Nachmittag

Erkunden Sie den **Markt** (siehe
S. 91), bevor Sie der Vlamingstraat folgen. Am **Beursplein**
standen die Handelshäuser aus
aller Welt – das der Genueser
war die Nr. 33. Das **Frietmuseum**
(siehe S. 94) an der Vlamingstraat
ist den berühmten frites gewidmet. Spazieren Sie ein wenig am
Kanal Langerei entlang, der nach
Damme (siehe S. 69) führt, wo
man einst die Waren von den
Schiffen auf Kanalboote lud.
Der Rückweg durch die Sint-
Jakobsstraat erlaubt einen Ab-
stecher zum Pub **'t Brugs Beertje**
(siehe S. 97) mit einer riesigen
Bierauswahl.

Siehe Karte S.90

Dies & Das

(1) Sint-Salvatorskathedraal
Karte K4 ▪ Steenstraat ▪ Mo–Sa 10–13, 14–17.30 Uhr (Sa bis 15.30 Uhr), So 11.30–12, 14–17 Uhr ▪ http://sintsalvator.be
In der Kathedrale versammelte sich 1478 der Orden vom Goldenen Vlies.

(2) Sint-Walburgakerk
Karte L3 ▪ Sint-Maartensplein ▪ tägl. 10–13, 14–18 Uhr ▪ Jan–März: Do–Di geschl.
Die sehenswerte Jesuitenkirche (1619–43), eine barocke Symphonie aus schwarz-weißem Marmor, birgt eine imposante Holzkanzel.

(3) Godshuis De Vos
Karte K5 ▪ Noordstraat 2–8
Brügges Armenhäuser (godshuizen) sind noch heute an den weißen Mauern mit Namen und Daten zu erkennen. Dieses stammt aus dem Jahr 1643.

Schwäne auf dem Minnewater

(4) Minnewater
Karte K6
Eine Schleuse im Fluss Reye sorgte für den romantischen See. Im Mittelalter lag hier ein Hafen.

(5) Diamantmuseum
Karte K5 ▪ Katelijnestraat 43 ▪ +32 (0)50 342 056 ▪ tägl. 10.30–17.30 Uhr ▪ 2. & 3. Woche im Jan geschl. ▪ Eintritt ▪ www.diamondmuseum.be
Das Haus erläutert die Geschichte des Diamantenhandels.

(6) Huisbrouwerij De Halve Maan
Karte K5 ▪ Walplein 26 ▪ +32 (0)50 444 222 ▪ Führungen: tägl. 11–16 Uhr (Sa bis 17 Uhr) ▪ Eintritt ▪ www.halvemaan.be
Die 1856 gegründete Brauerei führt die Kunst des Bierbrauens vor.

Biere der Huisbrouwerij De Halve Maan

(7) Frietmuseum
Karte K3 ▪ Vlamingstraat 33 ▪ +32 (0)50 340 150 ▪ tägl. 10–17 Uhr ▪ Eintritt ▪ www.frietmuseum.be
Das Museum beleuchtet die belgische Leidenschaft für frites.

(8) Choco-Story
Karte L3 ▪ Wijnzakstraat 2 ▪ +32 (0)50 612 237 ▪ tägl. 10–17 Uhr (Juli, Aug: bis 18 Uhr) ▪ Eintritt ▪ www.choco-story-brugge.be
In dieser umgestalteten Taverne des 15. Jahrhunderts dreht sich alles um die Herstellung der berühmten belgischen Schokolade.

(9) Historium
Karte K4 ▪ Markt 1 ▪ +32 (0)50 270 311 ▪ tägl. 10–18 Uhr ▪ Eintritt ▪ www.historium.be
Anhand einer jugendlichen Romanze wird hier Brügges Blüte im Mittelalter als Multimedia-Show lebendig.

(10) Sint-Jakobskerk
Karte K3 ▪ Sint-Jakobsplein 1 ▪ Juli, Aug: Mo–Fr, So 14–17.30, Sa 14–16 Uhr ▪ http://sintsalvator.be
Brügges reichste Pfarrkirche birgt Gemälde großer Meister und Gräber einiger Berühmtheiten der Stadt.

→ Siehe Karte S. 90

Östliches Brügge: Sint-Anna

1 **Onze-Lieve-Vrouw ter Potterie**
Karte L1 ▪ Potterierei 79 ▪ Di–So 9.30–12.30, 13.30–17 Uhr ▪ Eintritt
Das charmante kleine Museum im Sint-Janshospitaal lockt mit Kostbarkeiten, Kuriositäten und einer Barockkapelle.

2 **Duinenbrug**
Karte L2
Um die Boote nicht zu behindern, überspannten Brügges Kanäle kleine Zugbrücken. Diese ist ein Nachbau von 1976.

3 **Volkskundemuseum**
Karte L3 ▪ Balstraat 43 ▪ Di–So 9.30–17 Uhr ▪ Eintritt
Die historischen Artefakte des in acht Armenhäusern aus dem 17. Jahrhundert untergebrachten Volkskundemuseums sind faszinierend. Auch die Museumsschenke ist zu empfehlen.

4 **Sint-Annakerk**
Karte L3 ▪ Sint-Annaplein ▪ Jan–März: Fr–Mo 15–18
Die nach dem Wüten der Bilderstürmer sorgsam restaurierte, hübsch an einem ruhigen Platz gelegene Kirche bietet meditative Ruhe und barocke Zierelemente.

5 **Gezellemuseum**
Karte M2 ▪ Rolweg 64 ▪ Di–So 9.30–12.30, 13.30–17 Uhr ▪ Eintritt
In diesem rustikalen Haus lebte und arbeitete der Priester Guido Gezelle (1830–1899), noch heute einer der beliebtesten holländisch-flämischen Schriftsteller.

6 **Schuttersgilde Sint-Sebastiaan**
Karte M2 ▪ Carmersstraat 174 ▪ +32 (0)50 331 626 ▪ Apr–Sep: Di–Do 10–12, Sa 14–17 Uhr; Okt–März: Di–Do, Sa 14–17 Uhr ▪ Eintritt
Im historischen Gildehaus der Bogenschützen befindet sich noch heute ein Schützenverein.

7 **Jeruzalemkerk**
Karte L3 ▪ Peperstraat 3 ▪ +32 (0)50 338 883 ▪ Mo–Sa 10–17 Uhr ▪ Eintritt ▪ www.adornes.org
Die durch Jerusalem-Wallfahrten inspirierte Privatkapelle (15. Jh.) ist eine echte Kuriosität.

8 **Windmühlen am Kruisvest**
Karte M2 ▪ Di–So 9.30–12.30, 13.30–17 Uhr (Sint-Janshuismolen: Apr–Sep; Koeleweimolen: Juli, Aug) ▪ Eintritt
Zwei der vier verbliebenen Brügger Windmühlen – Koeleweimolen und Sint-Janshuismolen – sind zu besichtigen.

9 **Kantcentrum**
Karte L3 ▪ Balstraat 16 ▪ +32 (0)50 330 072 ▪ Mo–Sa 9.30–17 Uhr ▪ Eintritt ▪ www.kantcentrum.eu
Das Zentrum für Spitzenklöppelei illustiert die Geschichte dieses Handwerks in Brügge u. a. mit Vorführungen (Mo–Sa nachmittags).

10 **Kruispoort**
Karte M3
Das Tor ist eines von vieren, die die Stadtmauer noch zeigt.

Kruispoort

Shopping

① Steenstraat & Zuidzandstraat
Karte K4

Mode, Schuhe, Schokolade – in dem Shopping-Viertel zwischen Markt und 't Zand ist fast alles zu haben.

Shopping-Meile Steenstraat

② Zilverpand
Karte K4

Unter den Arkaden zwischen Zuidzandstraat und Noordzandstraat finden sich hauptsächlich Boutiquen.

③ Sukerbuyc
Karte K5 ▪ Katelijnestraat 5

Schokoladenläden sind in Brügge allgegenwärtig, dieser Familienbetrieb allerdings produziert vor Ort.

④ The Bottle Shop
Karte K4 ▪ Wollestraat 13

Die in Brügge ansässige Brauerei De Halve Maan *(siehe S. 94)* ist hier mit ihren Marken Brugse Zot und Straffe Hendrik neben zahlreichen anderen belgischen Bierproduzenten vertreten.

⑤ 't Apostolientje
Karte L3 ▪ Balstraat 11

Es gibt noch Spitzenklöppler in Brügge, wenn auch nicht Tausende wie um 1840. In der Breidelstraat zwischen Markt und Burg findet man einige Läden, aber 't Apostolientje ist am authentischsten.

⑥ 2be
Karte L4 ▪ Wollestraat 53

Der Laden in einem Wohnhaus des 15. Jahrhunderts verkauft Bier, Schokolade und Kekse. Die Bar darüber öffnet sich auf einen Kanal.

⑦ Huis Van Loocke
Karte L4 ▪ Ezelstraat 17
▪ So; Mo vormittags geschl.

In Brügge gibt es viele Läden für Künstlerbedarf. Das Huis Van Locke ist seit drei Generationen in Familienbesitz.

⑧ Pollentier-Maréchal
Karte K5 ▪ Sint-Salvatorskerkhof 8 ▪ So, Mo geschl.

Der Laden verkauft alte Drucke, darunter Stadtansichten von Brügge.

⑨ Supermärkte
Karte M3 ▪ Langestraat 55

Große Supermärkte (etwa Louis Delhaize) gibt es in den Vororten, ein paar kleinere (z. B. Smatch) findet man in der Stadt.

⑩ Märkte
Karte J4, K4, L4

Märkte finden vormittags an Markt (Mittwoch) und 't Zand (Samstag) statt. Markt und Simon Stevinplein sind zudem Standorte bezaubernder Weihnachtsmärkte. Flohmärkte gibt es am Wochenende an Dijver und Vismarkt (nachmittags).

Allerlei Nippes auf einem Flohmarkt

Cafés, Bars & Kneipen

Das von der belgischen Brauerei Duvel betriebene Duvelorium im Historium

1 **De Garre**
Karte K4 ▪ De Garre 1
(über Breidelstraat)
In dieser berühmten alten Kneipe
(estaminet) am Anfang einer Gasse
bekommt man auch Snacks.

2 **Café Vlissinghe**
Karte L3 ▪ Blekersstraat 2
▪ Mo, Di geschl.
In Brügges angeblich ältestem Lokal
(1515) traf sich van Dyck mit Brüg-
ger Malern. Hier gibt es leichtes
Essen und einen Boule-Platz im
Garten.

3 **De Proeverie**
Karte K5 ▪ Katelijnestraat 6
▪ Mo geschl.
Das hübsche kleine Café gehört dem
Chocolatier gegenüber, entspre-
chend ist die Spezialität hier heiße
Schokolade.

4 **Yesterday's World**
Karte K5 ▪ Wijngaardstraat 6
Unweit des Begijnhofs liegt diese
urige Cafékneipe voller Antiquitäten
und verkäuflichem Nippes.

5 **Wijnbar Est**
Karte L4 ▪ Braambergstraat 7
▪ +32 (0)478 450 555 ▪ Di – Do geschl.
Das kleine rote Ziegelhaus liegt am
Kanal. Es bietet Snacks und gute
Weine sowie samstags ab 20 Uhr
Livejazz.

6 **Duvelorium**
Karte K4 ▪ Markt 1 ▪ +32 (0)50
335 394 ▪ tägl. 10 – 18 Uhr
Die Bar im Historium (siehe S. 94)
schenkt belgisches Bier aus und
verfügt über eine Terrasse mit Blick
auf den Markt.

7 **Joey's Café**
Karte K4 ▪ Zilversteeg 4
▪ +32 (0)50 341 264 ▪ So geschl.
Die witzige Café-Bar mit gemütlichen Sitzecken veranstaltet gelegentlich kostenlose Konzerte.

8 **'t Brugs Beertje**
Karte K4 ▪ Kemelstraat 5
▪ +32 (0)50 339 616 ▪ Mi geschl.
Das Bierlokal serviert 300 Sorten
Gerstensaft – das Personal steht mit
Rat und Tat zur Seite. Für Interes-
sierte gibt es Bierseminare.

9 **The Vintage**
Karte K5 ▪ Westmeers 13
▪ +32 (0)50 666 780 ▪ Mi geschl.
Die quirlige Bar im Retro-Stil liegt
gleich um die Ecke vom Fremdenverkehrsbüro 't Zand.

10 **De Republiek**
Karte K3 ▪ Sint-Jakobsstraat 36
▪ +32 (0)50 734 764
Die große altehrwürdige Bar wird
durch jugendliches Personal mit
Leben erfüllt. Auch die Cocktails
sind allesamt exzellent.

Siehe Karte S. 90 ←

Restaurants

(1) Zet' Joe
Karte L3 ▪ Langestraat 11 ▪ +32 (0)50 338 259 ▪ So, Mo geschl. ▪ €€€
Das von Starkoch Geert van Hecke betriebene Restaurant verwöhnt mit feinsten belgischen Spezialitäten.

(2) De Stoepa
Karte K5 ▪ Oostmeers 124 ▪ +32 (0)50 330 454 ▪ Mo geschl. ▪ €
Das Café serviert ein mediterranes Mittagsmenü aus *tapas*, Salaten und Suppen. Im Sommer kann man auch auf der begrünten Terrasse speisen.

(3) Den Gouden Harynck
Karte L5 ▪ Groeninge 25 ▪ +32 (0)50 337 637 ▪ Sa mittags, So, Mo, letzte 2 Wochen im Juli geschl. ▪ €€€
In einem Haus des 17. Jahrhunderts residiert eines der besten Lokale der Stadt. Unbedingt vorab reservieren.

(4) Den Gouden Karpel
Karte L4 ▪ Huidenvettersplein 4 ▪ +32 (0)50 333 494 ▪ Mo; Di mittags geschl. ▪ €€€
Zu dem tollen Fischrestaurant am Vismarkt gehört auch ein exzellentes Fischgeschäft *(traiteur)*.

(5) Bistro de Schaar
Karte M4 ▪ Hooistraat 2 ▪ +32 (0)50 335 979 ▪ Mi, Do geschl. ▪ €€€
Das gemütliche Restaurant ist für seine über offenem Feuer gegrillten Steaks und die Desserts bekannt.

Schüssel mit buntem Salat

(6) Rock Fort
Karte L3 ▪ Langestraat 15 ▪ +32 (0)50 334 113 ▪ Mi mittags, Sa, So geschl. ▪ €€€
In einem alten Haus mit klarem modernen Interieur kreiert ein junges Team moderne Gerichte.

(7) Assiette Blanche
Karte L4 ▪ Philipstockstraat 23 – 25 ▪ +32 (0)50 340 094 ▪ Di, Mi geschl. ▪ €€€
Die sehr guten Menüs werden von passenden Bieren begleitet.

(8) Den Amand
Karte K4 ▪ Sint-Amandsstraat 4 ▪ +32 (0)50 340 122 ▪ So, Mi geschl. ▪ €€
Das kleine angenehme Restaurant bietet kreative, international inspirierte Speisen.

(9) Marieke van Brugghe
Karte K4 ▪ Mariastraat 17 ▪ +32 (0)50 343 366 ▪ €€
In dem gemütlichen Bistro genießt man ausgezeichnete mit Bier abgeschmeckte Schmorgerichte.

(10) Patrick Devos
Karte K4 ▪ Zilverstraat 41 ▪ +32 (0)50 335 566 ▪ Mi abends, Sa mittags, So geschl. ▪ €€€
Das für seine kreative Küche geschätzte Restaurant residiert in einem Belle-Époque-Haus.

Speiseräume bei Patrick Devos

Brasserien & Bistros

Preiskategorien
Preis für ein Drei-Gänge-Menü pro Person
mit einer halben Flasche Wein, inkl. Steuern
und Service.

€ unter 40 €   €€ 40–60 €   €€€ über 60 €

① Bistro de Pompe
Karte K4 ▪ Kleine Sint-Amandsstraat 2 ▪ +32 (0)50 616 618 ▪ So
abends, Mo geschl. ▪ €€
Das Mittagsangebot des Bistros ist
an Werktagen preisgünstig. Es reicht
von herzhaften Gerichten über Salate und Snacks bis zu Crêpes.

Elegantes Bistro Christophe

② Bistro Christophe
Karte L5 ▪ Garenmarkt 34 ▪ +32
(0)50 344 892 ▪ mittags, Di, Mi geschl.
▪ €€€
Das reizende kleine Bistro hat sich
mit seinen belgisch-französischen
Speisen ein Stammpublikum er-
kocht.

③ Het Dagelijks Brood
Karte K4 ▪ Philipstockstraat 21
▪ €
Die Filiale von Le Pain Quotidien
bietet Sandwiches aus knusprigem
Brot, Gebäck und andere Snacks.

④ Pas Partout
Karte L4 ▪ Kruitenbergstraat 11
▪ +32 (0)50 335 116 ▪ Mo–Sa abends,
So geschl. ▪ €
Die sozial stark engagierten Besitzer
bilden u.a. Arbeitslose für Jobs in

der Gastronomie aus. Zudem bekommt man hier das preiswerteste
steak frites in der Stadt.

⑤ De Belegde Boterham
Karte K4 ▪ Kleine Sint-Amandsstraat 5 ▪ +32 (0)50 349 131 ▪ So geschl. ▪ €
Hier serviert man belegte Brote
sowie Suppen, Salate und Kuchen.

⑥ Salade Folle
Karte K5 ▪ Walplein 13–14
▪ +32 (0)474 362 533 ▪ Do–Sa mittags,
Do–Sa abends geschl. ▪ €
Das beliebte Lokal ist bekannt für
leichte Mahlzeiten, hausgemachte
Kuchen, Pfannkuchen und Waffeln.

⑦ Lotus
Karte L4 ▪ Wapenmakersstraat 5
▪ +32 (0)50 331 078 ▪ Mo–Fr 11.30–
14 Uhr ▪ €
Das Café im einstigen Haus des flämischen Barockmalers Jacob van
Oost bietet vegetarische Speisen.

⑧ Blackbird
Karte L3 ▪ Jan van Eyckplein 7
▪ +32 (0)50 347 444 ▪ Mo geschl. ▪ €
Das einladend-elegante Lokal ser-
viert seinen gesundheitsbewussten
Gästen Frühstück, Mittagessen und
Nachmittagstee. Die Sandwiches
und Salate sind zu empfehlen.

⑨ In't Nieuw Museum
Karte M4 ▪ Hooistraat 42
▪ +32 (0)50 331 280 ▪ Mi, Do geschl.
▪ €€
In dem Familienbetrieb in einem
Haus des 17. Jahrhunderts brät man
abends das Fleisch auf offenem
Feuer im Kamin – eine köstliche
elementare Erfahrung.

⑩ Gran Kaffee de Passage
Karte K4 ▪ Dweersstraat 26
▪ +32 (0)50 340 232 ▪ Mo geschl. ▪ €
Ein schlichtes, von Kerzen erhelltes
Ambiente bildet den schönen Rah-
men für gutes Bier und belgische
Hausmannskost.

Siehe Karte S. 90

TOP10 Antwerpen

Exponat im Museum
Aan de Stroom

Das an der Schelde, dem Tor zur Nordsee, gelegene Antwerpen ist eines der wichtigsten Handelszentren Nordeuropas. Zugleich besitzt es eine große Vergangenheit als Kulturzentrum des 17. Jahrhunderts. Antwerpen erlebte aber auch dunkle Zeiten, z. B. die Religionskriege im 16. Jahrhundert und die Bombardierungen im Zweiten Weltkrieg. Die historischen Wechselfälle verliehen der Stadt Energie und kühnen Schliff – gleich ihren berühmten Diamanten.

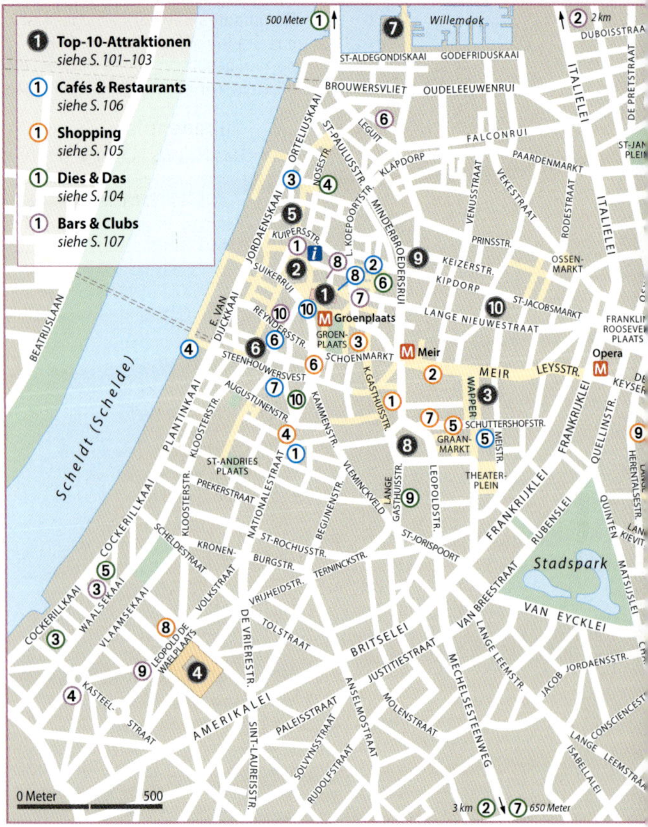

1 Top-10-Attraktionen
siehe S. 101–103

1 Cafés & Restaurants
siehe S. 106

1 Shopping
siehe S. 105

1 Dies & Das
siehe S. 104

1 Bars & Clubs
siehe S. 107

① Onze-Lieve-Vrouwekathedraal

Die gigantische gotische Kathedrale birgt großartige Werke von Rubens *(siehe S. 32f)*.

② Grote Markt

Karte T1 ▪ **Stadhuis: nur Führungen, 3 Wochen im Voraus buchen (über Fremdenverkehrsamt, Grote Markt 1, +32 (0)3 232 0103)** ▪ **Eintritt**

Antwerpens »Großer Markt« zählt zu den schönsten Plätzen Belgiens. Die Stadt machte aus der eigenartigen Form und der Neigung des Platzes eine Tugend und platzierte den Brunnen des Bildhauers Jef Lam-

Der Grote Markt mit seinem Brunnen

beaux (1852–1908), dessen Wasser direkt aufs Pflaster plätschert, dezentral. Die Brunnenfigur stellt den römischen Soldaten Brabo dar, der die Stadt von dem Riesen Antigonius befreite und dessen abgetrennte Hand in den Fluss warf – daher der Name Antwerpen *(hand-werpen)*. Dominantes Bauwerk am Platz ist das Stadhuis (Rathaus, um 1560), dessen geschwungenes Dach an ein Lächeln erinnert.

③ Rubenshuis

Das Heim und Atelier des genialen Malers bietet die seltene Gelegenheit, ein Patrizierhaus des 17. Jahrhunderts von innen zu sehen *(siehe S. 34f)*.

Rubenshuis mit Gartenanlagen

④ Koninklijk Museum voor Schone Kunsten (KMSKA)

Karte S3 ▪ **Leopold de Waelplaats** ▪ **+32 (0)3 224 9550** ▪ **www.kmska.be**

Antwerpens Museum der schönen Künste glänzt mit Meisterwerken von den »Flämischen Primitiven« bis zu den Symbolisten. Das klassizistische Gebäude wird umfassend renoviert und ist deshalb derzeit nicht zugänglich (siehe Website).

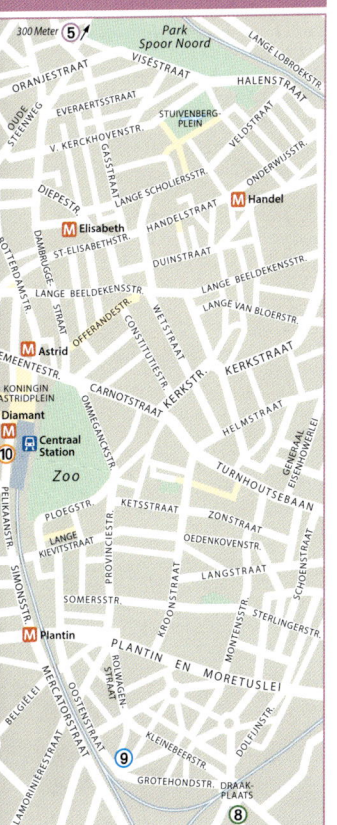

300 Meter ⑤

Park Spoor Noord

ORANJESTRAAT
VISESTRAAT
LANGE LOBROEKSTR.
HALENSTRAAT
OUDE STEENWEG
EVERAERTSSTRAAT
STUIVENBERG-PLEIN
V. KERCKHOVENSTR.
GASSTRAAT
VELDSTRAAT
DIEPESTR.
LANGE SCHOLIERSSTR.
ONDERWIJSSTR.
Ⓜ Handel
Ⓜ Elisabeth
HANDELSTRAAT
ST-ELISABETHSTR.
DAMBRUGGE-STRAAT
DUINSTRAAT
ROTTERDAMSTR.
LANGE BEELDEKENSSTR.
LANGE BEELDEKENSSTR.
OFFERANDESTR.
WESTSTRAAT
LANGE VAN BLOERSTR.
Ⓜ Astrid
GEMEENTESTR.
CARNOTSTRAAT KERKSTR.
CONSTITUTIESTR.
OMMEGANCKSTR.
KERKSTRAAT
KONINGIN ASTRIDPLEIN
HELMSTRAAT
Diamant
Ⓜ
Ⓡ Centraal Station
GENERAAL EISENHOWERLEI
⑩
TURNHOUTSEBAAN
Zoo
PELIKAANSTR.
PLOEGSTR.
KETSSTRAAT
ZONSTRAAT
SIMONSSTR.
LANGE KIEVITSTRAAT
PROVINCIESTR.
OEDENKOVENSTR.
LANGSTRAAT
SCHOENSTR.
SOMERSSTR.
KRONNSTRAAT
MONTENSSTR.
STERLINGERSTR.
Ⓜ Plantin
PLANTIN EN MORETUSLEI
BELGIELEI
ROUWAGEN STRAAT
MERCATORSTRAAT
OOSTENSTRAAT
KLEINEBEERSTR.
DOLFIJNSTR.
⑨
GROTEHONDSTR. DRAAK-PLAATS
⑧
LAMORINIÈRESTRAAT

Museum Vleeshuis

sächlich aus der Werkstatt sowie dem Haus Plantins. Es beherbergt eine große Sammlung seltener und wertvoller Bücher.

5 Museum Vleeshuis

Karte T1 ▪ Vleeshouwersstraat 38 ▪ +32 (0)3 292 6101 ▪ Do – So 10 – 17 Uhr ▪ Eintritt ▪ www.museum vleeshuis.be

Mit seinen Türmen, Türmchen und gotischen Elementen zählt das »Fleischhaus« zu den merkwürdigsten und schönsten Bauten Antwerpens. Es wurde 1501 bis 1504 als Gildehaus der Metzger und als Fleischmarkt errichtet. Heute widmet sich hier ein Museum der musikalischen Geschichte der Stadt. Unter all den historischen Musikinstrumenten sind einige seltene Cembali der berühmten Familie Ruckers zu bewundern. Außerdem gibt es Manuskripte und sogar eine Glockengießerei zu sehen.

6 Museum Plantin-Moretus

Karte T2 ▪ Vrijdagmarkt 22 ▪ +32 (0)3 221 1450 ▪ Di – So 10 – 17 Uhr ▪ Eintritt (letzter Mi im Monat frei) ▪ www.museumplantinmoretus.be

1546 kam der französische Buchbinder Christoph Plantin (um 1520 – 1589) nach Antwerpen und eröffnete dort eine eigene Druckerei. Sie entwickelte sich zu einem der einflussreichsten Verlage der Spätrenaissance, der u. a. Bibeln, Karten und wissenschaftliche Bücher veröffentlichte. Das Museum besteht haupt-

7 Museum Aan de Stroom (MAS)

Karte T1 ▪ Hanzestedenplaats 1 ▪ +32 (0)3 338 4400 ▪ Apr – Okt: Di – Fr 10 – 17, Sa, So 10 – 18 Uhr; Nov – März: Di – So 10 – 17 Uhr ▪ Eintritt (letzter Mi im Monat frei) ▪ www.mas.be

Das am Hafen gelegene Museumsgebäude – ein Turm aus rotem Sandstein und Plexiglas – ist kaum zu übersehen. Die Ausstellung beleuchtet Antwerpens Geschichte und seine Verbindungen in alle Welt.

8 Museum Mayer van den Bergh

Karte T2 ▪ Lange Gasthuisstraat 19 ▪ +32 (0)3 338 8188 ▪ Di – So 10 – 17 Uhr ▪ Eintritt (letzter Mi im Monat frei) ▪ www.museummayer vandenbergh.be

Fritz Mayer van den Bergh (1858 – 1891) war ein begeisterter Kunst- und Kuriositätensammler. Nach seinem frühen Tod gründete seine Mut-

Museum Mayer van den Bergh

ter ein Museum, um die ungefähr 5000 Objekte umfassende Sammlung von Möbeln, Tapisserien, Elfenbein, Buntglas, Gemälden und Münzen auszustellen.

⑨ Snijders-Rockoxhuis
Karte U1 ■ Keizerstraat 10–12 ■ +32 (0)3 201 9250 ■ Di–So 10–17 Uhr ■ Eintritt ■ www.snijders rockoxhuis.be

Das Haus im anmutigen Patrizierstil des 17. Jahrhunderts ist nach den einstigen Besitzern Frans Snijders (1579–1657), der im Nachbarhaus lebte, und dem Stadtoberen Nicholas Rockox (1560–1640) benannt. Rockox war ein Mäzen von Rubens. Die Ausstellung präsentiert zahlreiche Möbel, wertvolle Gemälde und kunstvolle Artefakte, darunter auch einige herausragende Werke von Snijders.

Glasfenster (Detail) der Sint-Jacobskerk

⑩ Sint-Jacobskerk
Karte U2 ■ Lange Nieuwstraat 73–75 ■ +32 (0)48 605 543 ■ 1. Apr–31. Okt: tägl. 14–17 Uhr ■ Eintritt

Von allen Gotteshäusern Antwerpens ist die Jakobskirche am reichsten ausgestattet. Sie birgt auch das Grab von Rubens. Die spätgotische Kirche wurde im 15./16. Jahrhundert von den Baumeistern der Kathedrale errichtet. Sie besitzt sowohl Arbeiten führender Bildhauer des 17. Jahrhunderts wie Lucas Faydherbe, Artus Quellinus und Hendrik Verbruggen als auch Gemälde von Rubens, Jordaens und van Dyck.

Ein Tag in Antwerpen

▶ Vormittag

Die gemütliche Tagestour führt zu den wichtigsten Sehenswürdigkeiten, aber auch zu den besten Shopping-Meilen Antwerpens. Bummeln Sie vom **Museum Vleeshuis** zum **Grote Markt** *(siehe S. 101)* und zur **Onze-Lieve-Vrouwekathedraal** *(siehe S. 32f)*, dann weiter zur Wijngaardstraat und zur **Sint-Carolus Borromeuskerk** *(siehe S. 104)*. Gehen Sie nun zum **Snijders-Rockoxhuis** in der Keizerstraat. Von dort folgen Sie der Sint-Katelijnevest nach Süden bis zur **Meir**. Auf der rechten Seite ragt der **Boerentoren** mit dem KBC-Zeichen auf. Das Hochhaus war beim Bau 1932 das höchste in Europa. Weiter geht es zum **Rubenshuis** *(siehe S. 34f)*, bevor Sie dann im prächtigen **Grand Café Horta** *(siehe S. 106)* das verdiente Mittagessen erwartet.

Nachmittag

Nach dem Kulturprogramm locken die Shopping-Meilen der Stadt *(siehe S. 105)*. Starten Sie in der **Schuttershofstraat**, von der es zu Huidevettersstraat, Nieuwe Gaanderij Arcade, Korte Gasthuisstraat und Lombardenvest geht. Südlich davon finden Sie das **Museum Mayer van den Bergh** und das **Maagdenhuismuseum** *(siehe S. 104)*. Sie können aber auch zur Nationalestraat bummeln und Dries van Notens wunderschönem **Het Modepaleis** *(siehe S. 105)* einen Besuch abstatten. Falls Sie dann eine kleine Stärkung nötig haben, besuchen Sie ins **Dock's Café** *(siehe S. 106)* oder auch zu **De Vagant** *(siehe S. 107)*.

See map on pp100–101 ←

Dies & Das

Red Star Line Museum

① Red Star Line Museum
Karte T1 ▪ Montevideostraat 3
▪ +32 (0)3 298 2770 ▪ Di–So 10–17 Uhr
(Apr–Nov: Sa, So bis 18 Uhr) ▪ Eintritt
▪ www.redstarline.be
Zwischen 1873 und 1934 brachten
die Dampfschiffe der Reederei Red
Star unzählige Familien von Antwerpen nach Nordamerika und in ein
neues Leben. Das Museum erinnert
an die Reisen und die Reederei.

② Middelheimmuseum
Middelheimlaan 61 ▪ +32 (0)3
288 3360 ▪ Di–So 10 Uhr bis Dämme-
rung ▪ www.middelheimmuseum.be
Der Skulpturenpark unter freiem
Himmel zeigt Hunderte moderne
und zeitgenössische Werke.

**③ FotoMuseum Provincie
Antwerpen (FoMU)**
Karte S3 ▪ Waalsekaai 47 ▪ +32
(0)3 242 9300 ▪ Di–So 10–18 Uhr
▪ Eintritt ▪ www.fotomuseum.be
Das Museum für Fotografie
ist mit seinen historischen
Exponaten sehenswert.

**④ Sint-
Pauluskerk**
Karte T1 ▪ Veemarkt 13
▪ +32 (0)3 232 3267 ▪ Apr–
Okt: tägl. 14–17 Uhr
Architekturelemente aus
Gotik und Barock prägen
die faszinierende Kirche
des 16. Jahrhunderts.

⑤ M HKA
Karte S3 ▪ Leuvenstraat 32
▪ +32 (0)3 260 9999 ▪ Di–So 11–
18 Uhr (Do 11–21 Uhr) ▪ Eintritt
▪ www.mhka.be
Das Museum voor Hedendaagse
Kunst (zeitgenössische Kunst) ist in
einem ehemaligen Lagerhaus untergebracht.

**⑥ Sint-Carolus
Borromeuskerk**
Karte T1 ▪ Hendrik Conscienceplein 6
▪ +32 (0)3 231 3751 ▪ Mo–Sa 10–
12.30, 14–16 Uhr
Die Kirche ist für ihre Barockfassade
und für den tragischen Verlust von
39 Rubens-Gemälden berühmt.

**⑦ Stadsbrouwerij
De Koninck**
Mechelsesteenweg 291
▪ +32 (0)3 866 9690 ▪ Di–So 10–
18 Uhr (letzter Einlass 16.30 Uhr)
▪ Eintritt ▪ www.dekoninck.be
Das Besucherzentrum bietet auch
Führungen durch Antwerpens be-
kannteste Brauerei.

⑧ Cogels-Osylei
Ende des 19. Jahrhunderts
entstanden hier opulente Bauten –
einige sind außergewöhnlich.

⑨ Maagdenhuismuseum
Karte T3 ▪ Lange Gasthuisstraat
33 ▪ +32 (0)3 338 2620 ▪ Mo, Mi–Fr
10–17, Sa, So 13–17 Uhr ▪ Eintritt
▪ www.maagdenhuismuseum.be
Das alte Waisenhaus birgt un-
gewöhnliche Sammlungen,
darunter Alte Meister.

**⑩ ModeMuseum
MoMu**
Karte T2 ▪ Nationalestraat
28 ▪ +32 (0)3 470 2770
▪ Di–So 10–18 Uhr ▪ Eintritt
▪ www.momu.be
Das Museum der Haute
Couture zeigt Mode im
sozialen, politischen und
kulturellen Kontext.

Historische
Haferbreischüssel,
Maagdenhuis-
museum

Shopping

① **Nieuwe Gaanderij Arcade**
Karte T2 ■ zwischen Huidevettersstraat und Korte Gasthuisstraat
Hier findet man Mode zu etwas günstigeren Preisen als in den Designerboutiquen.

Shopping-Meile Meir

② **Meir**
Karte U2
In der autofreien Haupteinkaufsstraße finden sich vor allem Filialen bekannter Ladenketten.

③ **Grand Bazar Shopping Center**
Karte T2 ■ Beddenstraat 2
Das elegante Shopping-Center teilt sich den Platz in einem ehemaligen Warenhaus mit dem Hotel Hilton.

④ **Nationalestraat**
Karte T2
Antwerpens Zentrum der Haute Couture versammelt Boutiquen vieler internationaler Designer, ist aber dennoch ein legerer Ort.

⑤ **Schuttershofstraat**
Karte U3
Die Einkaufsstraße mit erstklassigen Boutiquen und Schuhläden beheimatet auch eine Filiale von Delvaux, dem renommierten Hersteller von Accessoires aus herrlichem Leder.

⑥ **Het Modepaleis**
Karte T2 ■ Nationalestraat 16
In einem »Bügeleisen-Gebäude« aus der Belle Époque residiert die größte Filiale von Antwerpens herausragendem Designer Dries van Noten.

⑦ **DVS**
Karte U2 ■ Schuttershofstraat 9 (erster Stock)
Die von Dirk Van Saene, einem der »Antwerpse Zes«, gegründete Boutique präsentiert auch Mode von anderen Designern der Stadt, darunter Walter Van Beirendonck, Veronique Branquinho und Raf Simons.

⑧ **Ann Demeulemeester**
Karte S3 ■ Leopold de Waelplaats / Verlatstraat
Nur einen Katzensprung vom M HKA (siehe links) entfernt präsentiert die Designerin ihre kompromisslose Mode, mit der sie in die Avantgarde der Couture aufstieg.

⑨ **Diamondland**
Karte V2 ■ Appelmansstraat 33a
Hier gibt es Diamanten billiger als sonstwo in Europa. Während des Einkaufs lernt man zugleich viel über die Edelsteine.

Diamantenladen in der Pelikaanstraat

⑩ **Pelikaanstraat**
Karte V2
Im jüdischen Viertel sind die Diamantenläden und Juweliere auch deshalb so faszinierend, weil die Edelsteine dort ganz unromantisch als eine Ware wie jede andere gelten.

Siehe Karte S. 100f

Cafés & Restaurants

① Huis de Colvenier
Karte T2 ▪ Sint-Antoniusstraat 8
▪ +32 (0)477 232 650 ▪ So, Mo geschl.
▪ €€€
Um einen Tisch in einem der besten Restaurants in Antwerpen sollte man sich rechtzeitig bemühen.

② De Peerdestal
Karte T1 ▪ Wijngaardstraat 8
▪ +32 (0)3 231 9503 ▪ €€€
Das Restaurant in einem ehemaligen Stall bietet u. a. Fischmenüs.

③ Dock's Café
Karte T1 ▪ Jordaenskaai 7
▪ +32 (0)3 226 6330 ▪ So geschl. ▪ €€
Der berühmte Designer Antoine Pinto schuf die innovative Einrichtung. Es werden Austern und französisch-italienische Speisen serviert.

④ Restaurant aan de Stroom
Karte T2 ▪ Ernest van Dijckkaai 37
▪ +32 (0)3 234 1275 ▪ €€
In einem denkmalgeschützten Gebäude an der Schelde residiert eine elegante erstklassige Brasserie.

⑤ Grand Café Horta
Karte U2 ▪ Hopland 2 ▪ +32 (0)3 203 5660 ▪ €€
Das Café ist mit Elementen aus Victor Hortas berühmtem, 1965 abgerissenem Brüsseler Volkshaus gestaltet.

De Groote Witte Arrend

⑥ De Groote Witte Arrend
Karte T2 ▪ Reyndersstraat 18
▪ +32 (0)3 233 5033 ▪ Mo geschl. ▪ €€
In der gefeierten Taverne in einem Kloster des 17. Jahrhunderts mit eigener Kapelle genießt man traditionelle flämische Speisen und Biere.

⑦ Günther Watté
Karte T2 ▪ Steenhouwersvest 30
▪ +32 (0)3 293 5894 ▪ Mo geschl. ▪ €
Mit seinen eigenen, vor Ort produzierten Pralinen ist das Café beliebtes Ziel von Kaffee- und Schokoladenliebhabern.

⑧ Het Vermoeide Model
Karte T2 ▪ Lijnwaadmarkt 2
▪ +32 (0)3 233 5261 ▪ Mo geschl. ▪ €€
Das gemütliche Brasserie-Restaurant mit mittelalterlichem Gebälk verfügt auch über eine Terrasse.

⑨ Dôme Sur Mer
Arendstraat 1 ▪ +32 (0)3 281 7433 ▪ Sa mittags geschl. ▪ €€
Wandhohe Fenster und die Bar aus Marmor imponieren in dem beliebten Fischrestaurant im Viertel Zurenborg.

⑩ Brasserie Appelmans
Karte T2 ▪ Papenstraatje 1
▪ +32 (0)3 226 2022 ▪ €€
Das Gebäude stammt aus dem 12. Jahrhundert. Für die klassischen belgischen Gerichte werden Zutaten aus der Region verwendet.

Grand Café Horta

Bars & Clubs

Preiskategorien

Preis für ein Drei-Gänge-Menü pro Person mit einer halben Flasche Wein, inkl. Steuern und Service.

€ unter 40 €   €€ 40 – 60 €   €€€ über 60 €

1 Den Engel
Karte T1 ■ Grote Markt 3
■ +32 (0)3 233 1252
Genießen Sie in der klassischen *bruine kroeg* (»braune Kneipe«) am Grote Markt ein *bolleke* mit Antwerpens berühmtem Bier De Koninck.

2 IKON
Kotterstraat 1 ■ +32 (0)3 295 5465
Zu dem hippen Club im nördlichen Vorort Het Eilandje kommt man am besten per Taxi.

3 Café Local
Karte S3 ■ Waalsekaai 25
■ +32 (0)3 500 0367
Der lateinamerikanisch inspirierte Komplex mit »kubanischem Markt« bietet samstags Salsa und gelegentlich auch Latino-Fiestas.

Cocktailbar Sips

4 Sips
Gillisplaats 8 ■ +32 (0)477 639 152
Die Cocktailbar liegt im Szeneviertel bei den Docks südlich des Zentrums.

5 D-Club
Damplein 27 ■ +32 (0)488 499 607
Club mit vorwiegend schwulen Gästen und tollen Partys samstagnachts.

6 Café d'Anvers
Karte T1 ■ Verversrui 15
■ +32 (0)3 226 3870
Die bekannteste und vielleicht auch beste Disco der Stadt bietet House, Soul, Disco und Funk in einer alten Kirche im Rotlichtbezirk.

Lichtdramaturgie des Café d'Anvers

7 De Muze
Karte T2 ■ Melkmarkt 15
■ +32 (0)3 226 0126
In dem freundlichen, gemütlichen Lokal wird fast jede Nacht bis 2 oder 3 Uhr morgens Livejazz geboten.

8 Het Elfde Gebod
Karte T2 ■ Torfbrug 10
Die Wände der quirligen, aber gemütlichen Bar sind mit religiösem Kitsch verschönt.

9 Café Hopper
Karte S3 ■ Leopold de Waelstraat 2 ■ +32 (0)3 248 4933
Antwerpens Künstler und Kreative genießen zu den Jazzklängen in dieser Bar gern einen *demi-demi* (halb Sekt, halb Weißwein).

10 De Vagant
Karte T2 ■ Reyndersstraat 25
■ +32 (0)3 233 1538
Die nette traditionelle Café-Bar serviert rund 200 Arten *jenever*. Das Restaurant im Obergeschoss ist auf Gerichte mit der Spirituose spezialisiert.

Siehe Karte S. 100f

⑩ Gent

Gent wartet wie Brügge mit vielen mittelalterlichen Bauten
auf. Seine reichen Kunstschätze stammen aus einer Zeit,
als die Stadt ein blühendes Handelszentrum war. In den
ruhigen Wassern der Kanäle spiegelt sich die jahrhunder-
tealte Silhouette der Stadt – die Stufengiebel der alten Gildehäuser und die hohen Türme. Im frühen 19. Jahrhundert
stieg Gent zu Belgiens erster Industriestadt auf. Außerdem
ist es Sitz einer berühmten Universität. Diesen Faktoren
verdankt die reizvolle Stadt ihre lebhafte, frische und jugendliche Atmosphäre. Gent bietet großartige elegante
Bauten wie die Kathedrale, die Theater und die Oper, dazu
die Gemütlichkeit mittelalterlicher Stadtanlagen.

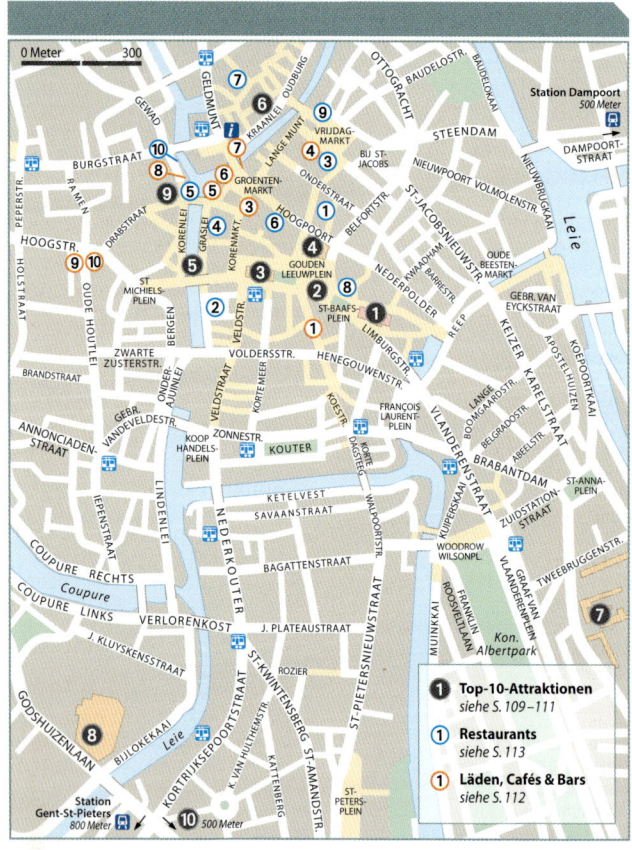

Sint-Baafskathedraal

③ Sint-Niklaaskerk

Karte Q2 ■ Cataloniëstraat ■ Mo 14–17, Di–So 10–17 Uhr

Der hl. Nikolaus, Bischof von Myra, ist der Schutzpatron der Kaufleute – und diese Kirche deren Gotteshaus. Der Bau aus dem 13. bis 15. Jahrhundert ist Belgiens schönstes Gebäude im Stil der strengen Schelde-Gotik.

① Sint-Baafskathedraal

Karte Q2 ■ Sint-Baafsplein ■ +32 (0)9 269 2045 ■ Apr–Okt: Mo–Sa 8.30–18, So 10–18 Uhr; Nov–März: Mo–Sa 8.30–17, So 10–17 Uhr; Gottesdienst: So 10 Uhr; Genter Altar: 9.30–17 Uhr (Nov–März: 10.30–16 Uhr; So ab 13 Uhr) ■ Eintritt (nur Genter Altar) ■ www.sintbaafskathedraal.be

Die Kathedrale ist nach dem heiligen Bavo bzw. Bavon (7. Jh.) benannt. Der überwiegend gotische Bau wurde im 10. Jahrhundert begonnen und im 16. Jahrhundert fertiggestellt. Die imposante Barock-Rokoko-Kanzel ist aus Eichenholz und Marmor (1741–45). Größter Schatz der Kathedrale ist der Genter Altar. Das aus mehreren Tafeln bestehende Altarbild schufen Hubert und Jan van Eyck im 15. Jahrhundert *(siehe S. 36f)*.

② Belfort

Karte Q2 ■ Sint-Baafsplein ■ +32 (0)9 233 3954 ■ tägl. 10–18 Uhr ■ Eintritt

Der mit einem Drachen gekrönte, 91 Meter hohe Glockenturm ist ein Genter Wahrzeichen. 1380/81 erbaut, diente er lange als Wach- und Glockenturm. Seine 54 Glocken werden auch für Konzerte genutzt. Ein Lift bringt Besucher nach oben.

④ Stadhuis

Karte Q2 ■ Botermarkt 1 ■ tägl. 14–16 Uhr (Buchung & Start beim Fremdenverkehrsbüro Sint-Veerleplein; mit Tour durch Altstadt & Sint-Baafskathedraal: Okt–März: Sa 14–16; Apr: Sa, So 14–16) ■ Eintritt

Im Rathaus spielten sich bedeutende Ereignisse ab. Manche der Ratssäle, die noch heute für Sitzungen dienen, haben sich seit dem 15. Jahrhundert kaum verändert, andere wurden nach 1870 umgebaut.

Fassadendetail, Stadhuis

⑤ Graslei & Korenlei

Karte P2

An Graslei und Korenlei legen die Boote für Fahrten auf dem Kanal ab. Die beiden Kais säumen mit Stufengiebeln verzierte Gildehäuser (12. Jh.) der Händler und Kaufleute. Die Sint-Michielsbrug, eine Brücke am Südende, bietet einen herrlichen Blick auf die Stadt.

Prächtige Gebäude am Graslei

Exponate im Huis van Alijn

7 Klein Begijnhof

Karte R4 ▪ Lange Violettestraat 235 ▪ tägl. 6.30–21.30 Uhr ▪ https://kleinbegijnhof-gent.wixsite.com/home

Der schönste der drei Genter Beginenhöfe (béguinages, siehe S. 92) ist mit Stufengiebeln, weiß gekalkten Hausmauern, Park und Barockkirche typisch und zählt zu Recht zum UNESCO-Welterbe. Der Beginenhof wurde um 1235 für eine Gemeinschaft alleinstehender Frauen gegründet und war seitdem immer bewohnt – auch wenn hier heute keine béguines mehr leben. Die meisten erhaltenen Häuser stammen aus dem 17. Jahrhundert.

6 Huis van Alijn

Karte Q1 ▪ Kraanlei 65 ▪ +32 (0)9 235 3800 ▪ Mo, Di, Do, Fr 9–17, Sa, So 10–18 Uhr (Juli, Aug: tägl. 10–18 ▪ Eintritt ▪ www.huisvanalijn.be

Nördlich des Stadtzentrums erstrecken sich die mittelalterlichen Straßen und Gassen des malerischen Viertels Patershol (siehe S. 54). Hier steht mit dem Huis van Alijn eines der besten Volkskundemuseen Belgiens. Gezeigt wird eine Sammlung von Alltagsgegenständen aus der jüngeren und fernen Vergangenheit, u. a. Spielzeug, Plattencover, Schuhe und Geschirr. Die Anlage wurde 1363 als Kinderkrankenhaus gegründet. Dies war jedoch weniger ein Akt der Nächstenliebe als vielmehr die Buße für den Mord an zwei Mitgliedern der Familie Alijn.

8 STAM

Karte P4 ▪ Godshuizenlaan 2 ▪ +32 (0)9 267 1400 ▪ Mo, Di, Do, Fr 9–17, Sa, So, Feiertage 10–18 Uhr ▪ Eintritt ▪ www.stamgent.be

Das Museum auf dem Gelände des alten Zisterzienserklosters Abdij van de Bijloke dokumentiert die Geschichte Gents von der Prähistorie bis heute. Zu den Exponaten zählen mittelalterliche Grabmäler, Insignien der Freimaurer und Modelle von Kriegsschiffen. Vieles davon stammt aus den Beständen des im Jahr 1833 gegründeten Bijlokemuseum, das 1928 auf das Klostergelände umgezogen war.

Gent & Karl V.

Karl V. (1500–1558), Kaiser des Hl. Römischen Reiches, König von Spanien, Herrscher über fast ganz Europa und die Neue Welt, wurde in Gent geboren und in der Sint-Baafskathedraal mit großem Pomp getauft. Die Liebe der Genter zu ihrem Herrscher kühlte jedoch rasch ab, als er sie mit maßlosen Steuern quälte. Nach einer misslungenen Revolte 1540 wurden deren Anführer gehenkt. Seitdem heißen die Genter auch stroppendragers (Strangträger), was stolz als Zeichen eines unabhängigen Geistes gesehen wird.

Antike Karte von Gent, STAM

⑨ Design Museum Gent
Karte P1 ▪ Jan Breydelstraat 5
▪ +32 (0)9 267 9999 ▪ Mo, Di, Do, Fr
9.30–17.30, Sa, So, Feiertage 10–18 Uhr
▪ Eintritt ▪ www.designmuseum
gent.be

Dieses Museum widmet sich Möbeln, Dekor und Innenausstattung. Die Ausstellungen in einer Villa aus dem 18. Jahrhundert mit einem kompromisslos modernen Anbau entführen Besucher auf eine Reise durch die verschiedenen europäischen Stile vom 17. Jahrhundert bis heute. Besonders sehenswert ist die Art-nouveau-Sammlung mit Arbeiten von Horta, Gallé und Lalique.

Designklassiker, Design Museum Gent

⑩ Museum voor Schone Kunsten (MSK) & SMAK
Karte Q6 ▪ Citadelpark ▪ MSK: +32 (0)9 323 6700; www.mskgent.be; SMAK: +32 (0)9 240 7601; www.smak.be
▪ Di–Fr 9.30–17.30, Sa, So, Feiertage 10–18 Uhr ▪ Eintritt

Gents führende Kunstmuseen sind vom Stadtzentrum aus in wenigen Minuten mit Straßenbahn oder Bus zu erreichen. Schwerpunkt des Museum voor Schone Kunsten (MSK) ist Kunst vom Mittelalter bis zum frühen 20. Jahrhundert. Zu bewundern sind Werke von berühmten Künstlern wie Hieronymus Bosch, Rogier van der Weyden und Hugo van der Goes. Das gegenüberliegende Stedelijk Museum voor Actuele Kunst (SMAK) ist dagegen ganz der modernen Kunst gewidmet. Die aufsehenerregenden, oft auch provokanten Dauer- und Wechselausstellungen katapultierten das SMAK in die Avantgarde der modernen europäischen Kunstsammlungen.

Ein Tag in Gent

▶ Vormittag

Beginnen Sie den Tag (kein Montag!) mit einem Museumsbesuch: Das **MSK** und das **SMAK** gegenüber bieten ein aufregendes Kontrastprogramm aus klassischer Kunst und Provokation. Dafür nehmen Sie die Tram Nr. 1 bzw. Nr. 10 vom Korenmarkt zur Charles de Kerchovelaan und spazieren von dort durch den Citadelpark zu den Museen. Für eine Erfrischungspause bietet sich das Café des SMAK an, zum Mittagessen sollten Sie ins Stadtzentrum gehen. Nördlich vom Korenmarkt liegen einige verlockende Lokale unterschiedlichsten Stils – sei es das mittelalterliche Groot Vleeshuis *(siehe S. 112)* oder das exzentrische **Maison Eliza** *(siehe S. 113)*.

Nachmittag

Bestaunen Sie in der **Sint-Baafskathedraal** den Genter Altar *(siehe S. 36f)* und genießen Sie vom **Belfort** *(siehe S. 109)* aus den Blick auf die Stadt. Zurück am Korenmarkt besichtigen Sie die **Sint-Niklaaskerk** *(siehe S. 109)*, bevor Sie zu **Graslei** und **Korenlei** *(siehe S. 109)* weitergehen, wo sich Gelegenheit für eine Bootsfahrt bietet. Folgen Sie vom Korenlei den Jan Breydelstraat bis zur Rekelingestraat, die Sie nach rechts zur Burg **Het Gravensteen** *(siehe S. 57)* führt. Überqueren Sie die Zuivelbrug und folgen Sie der Meerseniersstraat zum **Vrijdagmarkt**. Dort können Sie bei **Dulle Griet** *(siehe S. 112)* ein Bier oder bei **Frituur Jozef** *(siehe S. 113)* frites genießen.

Siehe Karte S. 108

Läden, Cafés & Bars

(1) Mageleinstraat & Koestraat

Karte Q2

Gent rühmt sich der größten Fußgängerzone Europas, in der man fantastisch shoppen kann. Die meisten Filialen verschiedener Ketten findet man in Veldstraat und Lange Munt, charmanter sind die ruhige Mageleinstraat und die Koestraat.

(2) Märkte

www.visitgent.be/en/markets

An jedem Tag der Woche gibt es in Gent einen Markt. Sonntags kann man alle an einem Tag besuchen.

(3) Tierenteyn-Verlent

Karte Q1 ▪ Groentenmarkt 3 ▪ So geschl.

Der seit 1790 bestehende Delikatessenladen ist für den Senf aus eigener Herstellung bekannt, der in Holzfässern lagert.

Aromen bei Tierenteyn-Verlent

(4) Dulle Griet

Karte Q1 ▪ Vrijdagmarkt 50

Eine der berühmten »Bierakademien« Belgiens bietet etwa 250 Biersorten. Wer das in einem besonderen Glas servierte Kwak bestellt, muss einen Schuh als Pfand hinterlegen.

(5) Het Spijker

Karte P2 ▪ Pensmarkt 3 – 5

Die gemütliche Bar im Keller eines Lepraasyls des 13. Jahrhunderts verfügt auch über eine Terrasse.

Speisesaal des Groot Vleeshuis

(6) Groot Vleeshuis

Karte Q1 ▪ Groentenmarkt 7 ▪ +32 (0)9 223 2324 ▪ Mo geschl. ▪ €

Mit Restaurant und Feinkostladen wirbt man im mittelalterlichen Schlachthaus für die Region Ostflandern.

(7) 't Dreupelkot

Karte Q1 ▪ Groentenmarkt 12

Die gemütliche Uferbar serviert nur *jenever*, eine Art Gin, der hier zum Teil mit Obst, Vanille oder Schokolade aromatisiert wird.

(8) Brooderie

Karte P1 ▪ Jan Breydelstraat 8 ▪ Mo geschl. ▪ €

Das rustikale Lokal bietet Sandwiches, leichte vegetarische Küche und den steten Duft frisch gebackenen Brots.

(9) Hotsy Totsy

Karte P2 ▪ Hoogstraat 1 ▪ +32 (0)9 224 2012 ▪ Mo geschl. ▪ €

Die legendäre Bar im Stil der 1930er Jahre ist für ihre Jazz-, Lyrik- und Kabarettabende bekannt und immer einen Besuch wert.

(10) Café Labath

Karte P2 ▪ Oude Houtlei 1 ▪ €

Das beliebte, freundliche Café serviert wunderbare Kaffee- und Schokoladenkreationen sowie Frühstück, Suppen und Sandwiches.

Restaurants

(1) De Rave
Karte Q2 ■ Schepenhuisstraat 2 ■ +32 (0)9 225 9660 ■ Di mittags, Mi geschl. ■ €€

Das Restaurant bietet französisch-belgische Küche mit einem modernen Touch.

(2) Brasserie Pakhuis
Karte P2 ■ Schuurkenstraat 4 ■ +32 (0)9 223 5555 ■ So geschl. ■ €€

Das vom berühmten Restaurant-Designer Antoine Pinto umgebaute Lagerhaus ist sehr beliebt.

(3) Keizershof
Karte Q1 ■ Vrijdagmarkt 47 ■ +32 (0)9 223 4446 ■ Mo, So; mittags geschl. ■ €€

In dem modernisierten Gebäude werden nach wie vor traditionelle belgische Gerichte serviert.

(4) Belga Queen
Karte P2 ■ Graslei 10 ■ +32 (0)9 280 0100 ■ €€€

Mauern aus dem 13. Jahrhundert, elegantes Ambiente und die Qualität der Speisen aus vorwiegend regionalen Erzeugnissen.

(5) Korenlei Twee
Karte P2 ■ Korenlei 2 ■ +32 (0)9 224 0073 ■ So, Mo geschl. ■ €€€

In dem Stadthaus (18. Jh.) am Kanal genießt man frisch zubereitete Produkte vom Fisch- und Fleischmarkt.

(6) Mosquito Coast
Karte Q2 ■ Hoogpoort 28 ■ +32 (0)9 224 3720 ■ Mo geschl. ■ €

Das entspannte, mit Souvenirs aus aller Welt geschmückte Café bietet seinen Gästen vegetarische Speisen, Regale voller Reiseführer und zwei Sonnenterrassen.

(7) Karel de Stoute
Karte Q1 ■ Vrouwebroersstraat 2 ■ +32 (0)9 224 1735 ■ Sa mittags, So, Mo geschl. ■ €€€

Das nach Karl dem Kühnen, Herzog von Burgund, benannte, angesehene Gourmetrestaurant liegt im Stadtteil Patershol. Die angebotenen Menüs sind von herausragender Qualität.

(8) Brasserie De Foyer
Karte Q2 ■ Sint-Baafsplein 17 ■ +32 (0)9 234 1354 ■ Mo, Di geschl. ■ €€

Der Balkon der exzellenten Brasserie im wunderschönen Theater Koninklijke Nederlandse Schouwburg (19. Jh.) bietet Blick auf die Sint-Baafskathedraal. Nachmittags gibt es Crêpes und Waffeln, sonntags Brunch mit Büfett.

(9) Frituur Jozef
Karte Q1 ■ Vrijdagmarkt

Der alteingesessene Pommes-frites-Stand offeriert seine köstlichen *frietjes* mit vielen Zutaten.

(10) The House of Eliott
Karte P1 ■ Jan Breydelstraat 36 ■ +32 (0)9 225 2128 ■ Di, Mi geschl. ■ €€€

Dieses Restaurant mit schönem Blick auf den Kanal serviert erstklassige belgische Küche.

Fassade des Belga Queen

Siehe Karte S. 108 ←

Reise-Infos

Elegante Einkaufspassage:
Galeries Royales Saint-Hubert, Brüssel

Anreise &
  Vor Ort unterwegs   116

Praktische Hinweise   118

Hotels   124

Textregister   132

Impressum & Bildnachweis   138

Sprachführer Französisch   140

Sprachführer Flämisch   142

Anreise & Vor Ort unterwegs

Anreise mit dem Flugzeug

Lufthansa, Austrian, Swiss und natürlich Brussels Airlines fliegen den internationalen **Brussels Airport** an. Der Flughafen liegt 14 Kilometer nordöstlich der belgischen Hauptstadt in Zaventem.

Vom **Brussels Airport** gelangen Sie per Taxi oder mit dem Expresszug in das Zentrum Brüssels. Züge fahren dreimal stündlich vom Flughafen ab. Vom Flughafen gibt es zudem Anschlusszüge nach Brügge, Gent und Antwerpen. Das Europa-Viertel Brüssels ist mit einer Buslinie (»Airport Line«) angebunden. Die Fahrt dauert rund 30 Minuten.

Vom kleineren **Flughafen Charleroi** im Süden der Hauptstadt fahren Shuttle-Busse ins Zentrum Brüssels sowie Busse nach Brügge und Gent. Alternativ können Sie den Bus zum Bahnhof Charleroi-Sud nehmen und dort in einen Zug nach Brüssel, Brügge, Antwerpen oder Gent steigen.

Auch vom internationalen **Flughafen Antwerpen** gibt es Direktanbindungen zu Städten im deutschsprachigen Raum.

Anreise mit dem Zug

Drehscheibe des belgischen Eisenbahnnetzes ist Brüssel mit den drei Bahnhöfen Gare du Midi/Zuidstation, Gare Centrale/Centraal Station und Gare du Nord/Noordstation. Die Thalys-Züge fahren in zwei bis drei Stunden von Aachen, Duisburg, Düsseldorf, Essen und Köln nach Brüssel. Von anderen Städten aus erreicht man Brüssel per IC oder ICE. Von dort gibt es weitere Verbindungen nach Brügge, Gent und Antwerpen.

Anreise mit dem Auto

Wer mit dem Auto nach Belgien reist, sollte auf die eingerichteten Umweltzonen in belgischen Städten achten.

Brüssel, Antwerpen und Gent haben Umweltzonen, zu denen jeweils die Innenstadt gehört, in Antwerpen auch das Viertel Linkeroever. Besucher aus dem Ausland können vor einer Reise ihr Fahrzeug online registrieren unter: lez-belgium.be. Die Registrierung ist gebührenfrei und kann bis 24 Stunden nach dem Hineinfahren in die Umweltzone erfolgen. Weitere Infos zu Umweltzonen in Europa finden Sie im Internet (www.urban accessregulations.eu).

Anreise mit dem Bus

Eurolines und **FlixBus** bieten Busfahrten (teils als Direktverbindung) nach Brüssel, Gent, Antwerpen und Brügge sowie nach Zeebrügge und Oostende an.

Entfernungen zwischen den Städten

Belgien ist mit einer Fläche von rund 30 000 Quadratkilometern ein vergleichsweise kleines Land. Die vier in diesem Buch vorgestellten Städte liegen im Norden des Landes, Brüssel ist die südlichste davon. Antwerpen liegt 55 Kilometer nördlich der Hauptstadt. Westlich davon ist Gent 50 Kilometer von Brüssel und Antwerpen entfernt. 40 Kilometer nordwestlich von Gent schließlich liegt Brügge.

Zug

Die staatliche Eisenbahn Belgiens, französisch **SNCB** und niederländisch **NMBS** genannt, ist pünktlich und preislich angemessen. Ein regelmäßiger Fahrplan verbindet die vorgestellten Städte. Auf der Website der Bahn finden Sie Fahrpläne und Preise. Vergünstigungen gibt es für Kinder unter 12 Jahren, Reisende unter 26 bzw. über 65 Jahren sowie für Fahrten an Wochenenden. Tickets kann man online kaufen und selbst ausdrucken.

Auto

Zum Autofahren in Belgien genügt der nationale Führerschein, eine grüne Versicherungskarte ist empfehlenswert. Auch in Belgien muss man Verbandskasten, Warndreieck und eine Warnweste mitführen. Das Tempolimit beträgt auf Autobahnen 120 km/h, auf Landstraßen 90 km/h und in Ortschaften 50 km/h.

Die Autobahnen in Belgien sind mautfrei, gut gewartet und größtenteils nachts beleuchtet.

Belgische Autofahrer sind nicht schlechter als andere – auch wenn erst um 1960 Fahrprüfungen eingeführt wurden. Zu dichtes Auffahren gibt es praktisch überall. Achten Sie in den Städten auf die Trams – sie setzen ihren Platzanspruch unerbittlich durch.

In den Städten und um sie herum gibt es ausreichend Parkmöglichkeiten. Am besten nutzen Sie öffentliche Parkplätze, die gut ausgeschildert und nicht allzu teuer sind. In den Stadtzentren bilden sich schnell Staus, das Parkangebot ist hier beschränkt. Vor allem in Brügge und Gent wird empfohlen, die Parkplätze außerhalb des Stadtzentrums anzufahren.

Die beiden Automobilclubs Belgiens heißen **Touring (TCB)** und **RACB**. Sie sind beide ADAC-Partnerclubs.

Mietwagen

Alle großen Autovermietungen sind auch in Belgien vertreten. Oft erhält man einen günstigeren Tarif, wenn man von zu Hause bucht – z. B. zusammen mit dem Flug. Allerdings brauchen Sie in den Städten nicht unbedingt ein Auto, es sei denn, Sie wollen auch das Umland erkunden.

Taxi

Taxis finden Sie an den Taxiständen oder Sie bestellen sie telefonisch. In Brüssel kann man sie an der Straße heranwinken – in Brügge, Gent und Antwerpen ist dies nicht üblich. Taxis sind um einiges teurer als der öffentliche Nahverkehr, zudem werden zehn Prozent Trinkgeld erwartet.

Öffentlicher Nahverkehr

Die wichtigsten Nahverkehrsmittel sind Bus und Tram. In Brüssel kommt eine Métro hinzu, in Antwerpen eine Art Untergrund-Trambahn, die Premetro. Der Betreiber der öffentlichen Verkehrsmittel in Brüssel heißt **STIB / MIVB**, in den anderen Städten **De Lijn**. An vielen Trambahnstationen wird nur gehalten, wenn man vorher den gelben Knopf an einem der Ausgänge gedrückt hat.

Tickets

Die Fahrkarten der STIB/MIVB sind für Bus, Tram und Métro gültig. An Schaltern und Haltestellen erhalten Sie Tickets für eine einfache Fahrt, für fünf oder zehn Fahrten sowie Tagestickets. Einfache Tickets können Sie in Bus und Tram auch beim Fahrer lösen. Vor Fahrtantritt muss man die Karte am orangefarbenen Automaten in Bus oder Tram oder am Zugang zur Métro-Station entwerten; sie gilt für Fahrten bis zu einer Stunde, inklusive Unterbrechungen.

Fahrrad

Belgier sind begeisterte Fahrradfahrer, der Umgang mit anderen Verkehrsteilnehmern ist entsprechend respektvoll. Die vielen Facetten von Brüssel und anderen Städten entdeckt man am besten mit dem Fahrrad. Die Fremdenverkehrsbüros vor Ort *(siehe S. 121)* informieren über Miet-räder.

Zu Fuß

Die belgischen Städte eignen sich sehr gut für Stadterkundungen zu Fuß. Die Zentren von Brüssel, Antwerpen und Gent sind mit Fußgängerzonen verkehrsberuhigt.

Anreise mit dem Flugzeug

Antwerpen
Airport
🌐 antwerp-airport.be

Brussels
Airport
🌐 brusselsairport.be

Charleroi
Airport
🌐 charleroi-airport.com

Anreise mit Zug & Bus

SNCB/NMBS
🌐 belgianrail.be

Eurolines
🌐 eurolines.de

FlixBus
🌐 flixbus.de

Automobilclubs

ADAC
🌐 adac.de

RACB
🌐 racb.com

Touring (TBC)
🌐 touring.be

Öffentlicher Nahverkehr

De Lijn
🌐 delijn.be

STIB/MIVB
🌐 stib-mivb.be

Praktische Hinweise

Einreise

Seit die Grenzkontrollen bei den »Schengen-Staaten« entfallen sind, müssen EU-Bürger bei der Einreise keinen Ausweis mehr vorlegen. Dennoch müssen Sie sich mit einem gültigen Personalausweis oder Pass ausweisen können. Auch jedes mitreisende Kind benötigt ein eigenes Ausweisdokument mit Lichtbild. Urlauber dürfen sich 90 Tage in Belgien aufhalten.

Zoll

Innerhalb der EU können die meisten Waren – auch Wein, Spirituosen und Tabak – in Mengen des persönlichen Bedarfs eingeführt werden. Alkohol und Tabak dürfen für den persönlichen Gebrauch ein- und ausgeführt werden. Erlaubt sind 800 Zigaretten, zehn Liter Spirituosen, 90 Liter Wein und 110 Liter Bier.

Botschaften

Deutschland, Österreich und die Schweiz betreiben Botschaften in Brüssel *(siehe Kasten S. 119)*. Die jeweilige Botschaft des Heimatlandes ist Anlaufstelle im Falle des Verlusts von Ausweispapieren, aber auch in Krisensituationen.

Reise- & Sicherheitshinweise

Aufgrund unvorhersehbarer Entwicklungen kann es zu Änderungen und Einschränkungen kommen. Aktuelle Hinweise zur Einreise und Sicherheitshinweise finden Sie beim deutschen **Auswärtigen Amt**, beim **österreichischen Bundesministerium für europäische und internationale Angelegenheiten** oder beim **Eidgenössischen Departement für auswärtige Angelegenheiten der Schweiz** (Weblinks siehe Kasten).

Sprache

In Brügge, Gent und Antwerpen wird Flämisch (Niederländisch) gesprochen, in Brüssel vorwiegend Französisch. Manche sprechen noch den alten Brüsseler Mischdialekt. Englisch ist weitverbreitet, Deutsch in den östlichen Regionen Belgiens sogar offizielle Landessprache.

Versicherung

Bürger aus EU-Staaten genießen mit der Europäischen Versicherungskarte (EHIC) Krankenversicherungsschutz. Eine zusätzliche Reisekrankenversicherung ist jedoch empfehlenswert. Sie deckt auch Behandlungen ab, die sonst nicht übernommen werden, und trägt die Kosten für einen nötigen Heimtransport. Trotz Versicherung müssen bei manchen Ärzten Behandlungen bar bezahlt werden – stellen Sie also sicher, dass Sie über genügend finanzielle Mittel verfügen. Die Kosten werden dann in der Regel von Ihrer Krankenkasse rückerstattet.

Notfälle

In Belgien gilt die europäische Notrufnummer 112. Notfalldienste arbeiten effizient und zuverlässig.

Medizinische Versorgung

Belgiens **Kliniken** zählen zu den besten in Europa. Die meisten Hospitäler sind heute in modernen Gebäuden in den Vorstädten oder am Stadtrand untergebracht.

Bei Unfällen oder Erkrankungen werden Sie bei Allgemeinärzten oder in Stadtkrankenhäusern behandelt. Die meisten Hotels verfügen über Listen von Ärzten im Bereitschaftsdienst.

Auch die belgischen **Zahnärzte** sind gut ausgebildet und können bei Beschwerden bedenkenlos konsultiert werden.

Apotheken haben montags bis samstags von 8.30 bis 18.30 Uhr geöffnet. Der Apotheker ist erster Ansprechpartner bei kleineren gesundheitlichen Problemen.

Persönliche Sicherheit

Auch wenn die meisten belgischen Städte als relativ sicher gelten, sollten Sie die üblichen Vorsichtsmaßnahmen ergreifen. Schließen Sie Ihr Auto ab, lassen Sie keine Wertsachen darin liegen und tragen Sie nicht zu viel Bargeld bei sich. Passen Sie stets auf Ihre Tasche und andere Wertgegenstände auf. Spazieren Sie nicht nachts durch Brüssels Stadtviertel westlich und nördlich der Innenstadt.

Brüssels Gare du Midi gilt als Hotspot für Taschendiebe. Besucher sollten hier wachsam sein, vor allem in Warteschlangen, auf Rolltreppen und in Aufzügen.

Wurden Sie Opfer eines Verbrechens bzw. einer Straftat, sollten Sie dies unverzüglich, auf alle Fälle aber innerhalb von 24 Stunden bei der Polizei zur Anzeige bringen. Dies ist allein aus Gründen eines möglichen Versicherungsschutzes notwendig. Benachrichtigen Sie im Zweifelsfall auch Ihre Botschaft.

Ausweisdokumente

Führen Sie stets gültige Ausweispapiere – Personalausweis oder Reise-

pass – mit sich. Die Polizei hat das Recht, Ihre Papiere jederzeit zu überprüfen. Bei Verlust der Papiere oder Problemen mit Behörden sollten Sie Ihre Botschaft *(siehe Kasten)* kontaktieren.

Feiertage

Offizielle Feiertage in Belgien sind: Neujahr, Ostermontag, Tag der Arbeit (1. Mai), Christi Himmelfahrt, Pfingstmontag, Fest der flämischen Gemeinde (11. Juli, nur in Flandern), Nationalfeiertag (21. Juli), Mariä Himmelfahrt (15. Aug), Allerheiligen (1. Nov), Gedenktag zum Ende des Ersten Weltkrieges (11. Nov), Weihnachten. Banken und Postämter haben dann geschlossen; manche Läden und Museen hingegen sind geöffnet.

Banken

Auch in Belgien ist der Euro die offizielle Währung. Die meisten Banken haben Montag bis Freitag von 9 bis 13 Uhr und von 14 bis 16 Uhr geöffnet, einige Filialen schließen auch über Mittag nicht oder haben samstagvormittags geöffnet. Wechselstuben haben längere Öffnungszeiten und stehen auch an Wochenenden zur Verfügung.

In belgischen Städten gibt es genügend **Geldautomaten**, an denen Sie mit einer Debitkarte (Maestro bzw. V PAY) oder der Kreditkarte und Persönlichen Identifikationsnummer (PIN) jederzeit Geld abheben können. Achten Sie auf eventuelle (zum Teil hohe) Gebühren, die hierbei anfallen können.

Kredit- und Debitkarten

In Belgien kommt man mit den gängigen Kredit- und Debitkarten sehr gut zurecht. Die allermeisten Hotels und viele Restaurants akzeptieren Kartenzahlung; sicherheitshalber sollte man allerdings vorab fragen. Kleine Hotels und Läden nehmen nur Bargeld. Auch für Taxifahrten oder einen Imbiss zwischendurch sowie auf Märkten sollte man immer etwas Bargeld mit sich führen.

Telefonieren

In Zeiten des Mobilfunks sind auch in Belgien öffentliche Telefone schon seit Jahren auf dem Rückzug. Die wenigen vorhandenen sind entweder Münz- oder Kartentelefone. Karten erhält man in Zeitschriftenläden, an Kiosken und in Postämtern.

Die belgischen Festnetznummern bestehen aus einer zwei- oder dreistelligen Ortsvorwahl und der Teilnehmernummer. Die Ortsvorwahl muss auch für Telefonate innerhalb einer Stadt gewählt werden. Die Landesvorwahl von Belgien lautet 0032 (Brüssel: 02; Brügge: 050; Gent: 09; Antwerpen: 03; bei Anrufen aus dem Ausland fällt jeweils die 0 der Ortsvorwahl weg).

Mobiltelefone

Alle in Europa gängigen GSM-Handys und Smartphones funktionieren in Belgien problemlos. Für Bürger aus Ländern der Europäischen Union ent-stehen bei der Nutzung ihres Mobiltelefons keine Roaminggebühren, sie zahlen dieselben Gebühren wie für Handygespräche zu Hause.

Internet

Fast alle Hotels bieten ihren Gästen im Zimmer oder in einem der öffentlichen Bereiche WLAN-Zugang. Auch viele Bars und Cafés in Belgien bieten ihren Gästen kostenlos Internetzugang, von den Mitarbeitern erhält man dazu ein Passwort.

Post

Die Filialen der belgischen Post (Bpost; www.bpost.be) sind Montag bis Freitag von 9 bis 17 Uhr geöffnet. An Hauptpostämtern können Sie sich Briefe postlagernd *(poste restante)* senden lassen. Briefmarken sind auch in manchen Tabak- und Zeitungsläden erhältlich – oder in Läden, die Postkarten verkaufen. Ein Standardbrief ins europäische Ausland kostet 1,30 €. Auf den roten Briefkästen sind die Leerungszeiten angeschrieben.

Zeitungen, Zeitschriften & TV

Die belgische Presse repräsentiert den innerbelgischen Sprachenstreit Französisch (Brüssel und Wallonien) vs. Niederländisch (Flandern). Wichtige französischsprachige Zeitungen sind *Le Soir*, *La Libre Belgique* und *La Dernière Heure*; auf Niederländisch erscheinen *Het Laatste Nieuws*, *De Standaard* und *De Morgen*. Internationale Presse ist in Zeitungsläden erhältlich. In Brüssel erscheint auch die englischsprachige Online-Zeitschrift *The Bulletin* (www.thebulletin.be).

Auch das belgische Fernsehen unterteilt sich sprachlich in französisch und niederländisch. Über Kabel sind auch europäische und US-amerikanische Sender zu empfangen. Fast alle Hotelzimmer sind mit Kabel-TV ausgestattet.

Zeitzone

In Belgien gilt die Mitteleuropäische Zeit (MEZ), von Ende März bis Ende Oktober die Mitteleuropäische Sommerzeit (MESZ).

Strom

Die Stromspannung beträgt 230 V/50 Hz. In die Steckdosen passen die üblichen Euro-Stecker.

Klima

Das Wetter in Belgien ist typisch für Westeuropa: ozeanisch geprägt mit milden Wintern und kühlen Sommern. Es regnet ganzjährig. Die Durchschnittstemperaturen liegen bei 1 °C im Winter und 19 °C im Sommer.

Stellen Sie sich auf regnerisches Wetter ein und machen Sie sich mit bequemen Schuhen für Spaziergänge bereit.

Behinderte Reisende

Historische Städte wie Brüssel, Brügge, Antwerpen und Gent haben sich über Jahrhunderte entwickelt – erst in den letzten Jahrzehnten nimmt man dabei Rücksicht auf die Bedürfnisse Behinderter, und es dauert, bis die Gegebenheiten so weit wie möglich angepasst sind. Die Fremdenverkehrsbüros haben Informationen für Rollstuhlfahrer zusammengestellt, doch es gibt noch große Lücken. Beginnen Sie Ihre Recherche am besten schon zu Hause. Eine Stadt wie Brügge mit engen Gassen und vielen Kopfsteinpflasterstraßen wird wohl nie völlig behindertengerecht sein können.

Viele moderne oder renovierte Hotels bieten ein oder mehrere behindertengerechte Zimmer. Hotels, Restaurants, Bars und Cafés in historischen Gebäuden sind hinsichtlich eines behindertengerechten Umbaus nicht zuletzt aus Gründen des Denkmalschutzes Grenzen gesetzt.

Viele der großen Museen sind rollstuhlgerecht eingerichtet – mit breiten Türen, Rampen, Aufzügen und entsprechenden Toiletten. Das Personal ist meist hilfsbereit, doch klären Sie im Zweifelsfall vor Ihrem Besuch die örtlichen Gegebenheiten.

Bus, Tram und Métro sowie Bahnhöfe sind nicht immer behindertengerecht ausgestattet – auch wenn die neueren Trams einen Einstieg für Rollstühle haben. In den Fremdenverkehrsbüros kann man sich über Alternativen wie Spezialtaxis erkundigen. Die belgische Bahn bietet einen nützlichen Ratgeber auf ihrer Website (www.b-rail.be).

Information

Belgische Fremdenverkehrsbüros werden von den beiden Tourismusbehörden Flandern-Brüssel und Wallonie-Brüssel betrieben.

Die vorgestellten Städte betreiben Informationsbüros, in denen man z. B. bei der Zimmerreservierung hilft. Informationszentren bieten auf ihren Websites Details zu Sehenswürdigkeiten, Veranstaltungen, Hotels und Restaurants sowie Karten und sonstige Links.

Stadtführungen & Rundreisen

Informieren Sie sich in den örtlichen bzw. regionalen Fremdenverkehrsbüros nach Stadtführungen mit Führer oder aber mit Audioguide, per Bus, zu Fuß oder per Fahrrad.

Die Stadtzentren von Brüssel, Brügge, Gent und Antwerpen lassen sich in Pferdekutschen erkunden. Das ist zwar ein teurer und relativ kurzer Spaß, aber eben auch ein unvergessliches Urlaubserlebnis – das gilt vor allem für Brügge.

Brügge und Gent waren dank ihrer Kanäle bzw. kanalisierten Flüsse bedeutende Hafenstädte. Bootsfahrten auf diesen Wasserstraßen sind bei Besuchern sehr beliebt, da man eine Stadt vom Boot aus in einem ganz anderen Licht kennenlernen kann. Die Boote legen an verschiedenen Stellen im jeweiligen Stadtzentrum ab. Auch in Brüssel kann man Bootsfahrten auf dem sonst nur industriell genutzten Kanal unternehmen.

Behinderte Reisende

handy.brussels
handy.brussels

Barrierefreiheit in Flandern
Karte C3 • Rue du Marché aux Herbes 61, Brüssel
accessinfo.be

Information

Antwerpen
Karte T1 • Grote Markt 13
+32 (0)3 232 0103
visitantwerpen.be

Brügge
Karte J5 • Concertgebouw, 't Zand 34
+32 (0)50 444 646
visitbruges.be

Brüssel
Karte D4 • Rue Royale 2
+32 (0)2 513 8940
visit.brussels
Karte C3 • Hôtel de Ville, Grand Place
Karte E5 • Place du Luxembourg

Visit Flanders
Karte C3 • Rue du Marché aux Herbes 61
+32 (0)2 504 03 00
visitflanders.com

Gent
Karte P1 • Oude Vismijn, Sint-Veerleplein 5
+32 (0)9 266 5660
visit.gent.be

Veranstalter in Brüssel

ARAU
Art-nouveau-Spaziergänge
arau.org

Arkadia
Architektur-Spaziergänge
arkadia.be

Brussels City Tour
Stadtrundfahrten & Ausflüge mit dem Bus
brussels-city-tours.com

Flanders Battlefield Tour
ypres-fbt.com

La Fonderie
Themen-Spaziergänge (Industriegebäude, Bier, Schokolade)
lafonderie.be

Shopping

Die großen belgischen Städte bieten ihren Besuchern ein ungetrübtes Shopping-Erlebnis, manche Urlauber kommen extra deshalb hierher. Die Einkaufsstraßen und -passagen in den Städten entsprechen mit den dort vertretenen Labels und Designern internationalen Standards. Hier findet man Haute Couture und Casuals, erlesene Schokolade und andere Spezialitäten, Bücher, Design und Möbel sowie eine enorme Bandbreite an Souvenirs.

In der Regel sind Läden von 10 bis 18 Uhr geöffnet. Kleinere Geschäfte wie Bäckereien, Zeitungs- und Tabakläden öffnen oft früher. Manche Läden sind mittags geschlossen, haben dafür jedoch abends länger geöffnet. An Sonntagen sind zwar größere Läden und Supermärkte geschlossen, doch viele Konditoreien, Feinkostgeschäfte und Souvenirläden haben geöffnet. Einige Läden haben an einem Tag in der Woche bis spätabends geöffnet, es gibt jedoch keinen allgemeinen langen Verkaufsabend.

Restaurants

Die besten belgischen Restaurants zählen zur Weltspitze, aber auch die weniger bekannten des Landes sind erstklassig und verwöhnen ihre Gäste mit einer großen Auswahl an regionalen, landestypischen oder internationalen Spezialitäten. Belgier wissen sehr genau, wo man besonders gut essen kann – halten Sie sich also an gern von Einheimischen besuchte Lokale. Im Zweifelsfall folgen Sie den Empfehlungen des Hotelpersonals.

Lokale im Stadtzentrum mit in Plastik eingeschweißten, viersprachigen Speisekarten und aufdringlichen Kellnern sollte man ignorieren. Sie bieten in der Regel überschaubare Qualität zu meist völlig überhöhten Preisen.

Die meisten guten Restaurants servieren klassisch-französische Küche. Gleichwohl gibt es einige empfehlenswerte, authentisch belgische Speisen wie *carbonnades flamandes* und *waterzooi* (siehe S. 61).

Gute Restaurants sind immer gut besucht. Wenn Sie in ein ganz bestimmtes gehen wollen, dann reservieren Sie besser vorher – telefonisch ist das schnell geschehen. Für Spitzenrestaurants sollte man seinen Tisch schon einige Tage vorher buchen. Wenn Sie Ihre Pläne ändern sollten, vergessen Sie das Stornieren nicht.

Spezielle zwei- oder dreigängige Menüs zum Festpreis (*dagschotel* oder *dagmenu* auf Flämisch, *menu du jour* auf Französisch), die meist täglich wechseln, können ausgesprochen lohnend sein. Dabei geht es nicht nur um den Preis, manchmal setzt die Küche auch spontan aktuelle Marktangebote um.

In Belgien geht häufig die ganze Familie zum Essen; ein Mittagessen kann dann durchaus den halben Nachmittag dauern. So werden die Kinder schon früh an dieses für die Belgier so bedeutende Gemeinschaftserlebnis gewöhnt. Die Gastwirte sind auch gern bereit, für die Vorlieben der jungen Gäste von ihrer Speisekarte abzuweichen. Kinder sind auch in den meisten Cafés und Bars willkommen.

Auch wenn die Belgier Fleisch- und Fischgerichte lieben, bieten die meisten Restaurants auch eine Auswahl an vegetarischen Speisen an. In den Städten gibt es auch gute rein vegetarische Restaurants mit einer reichhaltigen Auswahl. Eine Übersicht der Lokale erhalten Sie bei den Fremdenverkehrsbüros.

Die Mehrwertsteuer (TVA / BTW) einer Restaurantrechnung schlägt mit 21 Prozent, der Service mit 16 Prozent zu Buche; beides ist in der Regel bereits in den angegebenen Preisen enthalten. Dennoch ist es üblich, fünf bis zehn Prozent Trinkgeld zu geben bzw. den Rechnungsbetrag aufzurunden. Falls unklar ist, ob Steuer und Service bereits enthalten sind, fragen Sie nach.

Belgier mögen ihr Fleisch meist wenig gebraten. Wenn Sie etwas halb durchgebraten bestellen, bekommen Sie es eher roh als *medium*. Die exquisite Fleischqualität verträgt die kurze Bratdauer. Wer sein Fleisch gut durchgebraten wünscht, sollte dies deutlich zum Ausdruck bringen und hochgezogene Augenbrauen ignorieren.

Bei bestimmten Gerichten wird Fleisch roh serviert, etwa beim *filet américain* oder beim italienischen *carpaccio*. Rohen Fisch gibt es bei japanisch angehauchten Gerichten und bei *carpaccio* von Lachs oder Thunfisch. Natürlich werden auch Austern roh geschlürft.

Belgisches Bier ist im Durchschnitt etwas stärker als das deutsche – der Alkoholgehalt liegt zwischen fünf und zwölf Prozent. Da der Gerstensaft in relativ kleinen Mengen serviert wird, unterschätzt man leicht die Wirkung – bis man aufsteht. Mit etwas »Erfahrung« bekommt man das in den Griff.

Hotels

Belgische Hotels sind meist gut geführt und sauber. Die hohen Standards resultieren aus professioneller Schulung, einer grundsätzlich gastfreundlichen Einstellung und dem Wissen um viele ehrgeizige Mitbewerber in der Branche.

Bei der Wahl des Hotels bietet das Internet wichtige Entscheidungshilfen: die Web-Präsenz der Hotels, Buchungsportale mit Bewertungen seitens der Gäste, allgemein die »social networks« und viele mehr.

Buchen Sie via Internet (über Suchmaschinen oder direkt auf der Website des Hotels), per Mail oder telefonisch. Auch die Fremdenverkehrsbüros vermitteln Unterkünfte.

Hotelpreise spiegeln die Auslastung durch Geschäftsreisende und Urlauber wider. Im Sommer

ist in Brügge viel los, weniger dagegen in Brüssel, Antwerpen und Gent.

Viele Hotels bieten günstige Wochenendtarife an, die oft auch für Feiertage gelten. Preiswerte Tarife gibt es in Brüssel auch im Juli und im August sowie von Dezember bis Mitte Januar. Aufenthalte über mehrere Tage werden oft mit Sondertarifen belohnt.

Die angegebenen Zimmerpreise beinhalten nicht immer die 2 Euro pro Person und Nacht anfallende Stadt- bzw. Tourismussteuer.

Achten Sie beim Buchen darauf, ob das Frühstück im Preis inbegriffen ist. Frühstück vom Büfett kann in teuren Hotels pro Person 20 Euro deutlich überschreiten. Generell frühstückt man in Belgien »kontinental« – mit Brötchen, Brioches, Croissants, Wurst, Käse, Marmelade, Obst, Joghurt, Müsli, Säften und manchmal auch Eiern.

Die offizielle Kategorisierung der Hotels orientiert sich oft nur an der Ausstattung und nicht an Kriterien wie Lage oder Service, die für Besucher vielleicht eher ausschlaggebend sind. So kann ein Zwei-Sterne-Haus besser sein als eines mit fünf Sternen.

Immer mehr Leute bieten in ihren privaten Häusern Zimmer mit Frühstück an. Manche dieser Unterkünfte liegen in schönen historischen Häusern im Zentrum und sind ihren Preis wert – etwa 60 bis 120 Euro für ein Doppelzimmer pro Nacht. Die besten Häuser sind oft Monate im Voraus ausgebucht. Viele

dieser Angebote sind im Internet zu finden.

Jugendherbergen und Hostels sind auch in Belgien die günstigsten Unterkünfte. In der Regel ist hier ein Doppelzimmer schon für weniger als 20 Euro zu haben. Wie in anderen Ländern sind auch belgische Jugendherbergen zunehmend mit Einzelzimmern ausgestattet, allerdings besitzen diese häufig kein eigenes Bad. Oft sind Bars, Speiseräume und Internetcafés vorhanden, die Gemeinschaftserlebnis und Gedankenaustausch ermöglichen.

Auf einem der gut geführten belgischen Campingplätze außerhalb der Stadtzentren kann eine Familie für rund 20 Euro übernachten.

Bed & Breakfast-Vermittlung

Bed & Breakfast Antwerpen
🔿 gastenkamers antwerpen.be

Bed & Brussels
🔿 bnb-brussels.be

Bed & Breakfast Brugge
🔿 brugge-bedand breakfast.com

Gilde der Gentse Gastenkamers
🔿 bedandbreakfast-gent. be

Buchungsportale
🔿 airbnb.de
🔿 booking.com
🔿 expedia.com
🔿 lastminute.com
🔿 laterooms.com
🔿 tripadvisor.com

Hotels

Preiskategorien

Preis für ein Doppelzimmer pro Nacht (mit Frühstück, falls inklusive), Steuern und Service.

....

€ unter 100 €   €€ 100 – 250 €   €€€ über 250 €

Brüssel: Luxushotels

Brussels Marriott Hotel Grand Place

Karte B2 ■ Rue Auguste Orts 3 – 7 ■ +32 (0)2 516 9090 ■ www.marriott.com ■ €€

Das imposante Hotel befindet sich unweit der Börse und der Grand Place – ideal für Sightseeing, Shopping und Entertainment.

The Dominican

Karte C2 ■ Rue Léopold 9 ■ +32 (0)2 203 0808 ■ www.thedominican.be ■ €€

Die Lage des luxuriösen Hotels gleich hinter dem Théâtre Royal de la Monnaie und in Gehweite zur Grand Place ist unschlagbar. Preisgekrönte Architekten gestalteten den reizenden Innenhof, auf den die Zimmer blicken, und das prachtvolle Restaurant Grand Lounge.

The Hotel

Karte C5 ■ Boulevard de Waterloo 38 ■ +32 (0)2 504 1111 ■ www.thehotel-brussels.be ■ €€

Das Hochhaus wartet mit zahlreichen Überraschungen auf: ein schnörkellos zeitgenössisches Design, eine fantastische Aussicht vor allem von den Zimmern in den höheren Etagen, Sauna und Fitness im 23. Stockwerk sowie ein erstklassiger Service.

Hotel Métropole

Karte C2 ■ Place de Brouckère 31 ■ +32 (0)2 217 2300 ■ www.metropolehotel.com ■ €€

Brüssels berühmtestes Hotel ist eine außergewöhnliche Belle-Époque-Schönheit. Das überaus stilvolle Hotel entspricht modernstem Standard und liegt ganz zentral nahe Place Sainte-Cathérine und Place Saint-Géry.

Manos Premier

Karte C6 ■ Chaussée de Charleroi 100 – 106 ■ +32 (0)2 537 9682 ■ www.manospremier.com ■ €€

Das eindrucksvoll gestaltete Hotel verströmt das Flair eines großen, eleganten Privathauses. Es befindet sich südlich des Zentrums und außerhalb des Pentagon. Es hat neben Zimmern auch Suiten, zum Teil mit Dachterrasse, im Angebot. Trotz der Nähe zur Avenue Louise findet man hier Ruhe.

Radisson Blu Royal

Karte C2 ■ Rue Fossé-aux-Loups 47 ■ +32 (0)2 219 2828 ■ www.radissonblu.com ■ €€

Von dem mit tropischen Pflanzen und Brunnen ausgestatteten Foyer fahren gläserne Lifte nach oben. In dem effizient geführten Hotel lockt auch das bekannte Restaurant Sea Grill Gäste an (siehe S. 80).

Sofitel Brussels Le Louise

Karte C6 ■ Avenue de la Toison d'Or 40 ■ +32 (0)2 514 2200 ■ www.accorhotels.com ■ €€€

Wer den Häusern von Hotelketten generell eher misstraut, sollte in diesem Fall seine Meinung überdenken. Sofitel betraute den angesehenen Designer Antoine Pinto mit der Gestaltung des Fünf-Sterne-Hotels. Die großzügig geschnittenen Zimmer wirken gediegen, das Restaurant verfügt über eine reizende Sonnenterrasse. Das eklektische Interieur des Hauses wirkt einladend.

Warwick Brussels

Karte C3 ■ Rue Duquesnoy 5 ■ +32 (0)2 505 5555 ■ www.warwickhotels.com ■ €€

Das zwischen Grand Place und den Musées royaux gelegene Luxushotel der Hotelgruppe Warwick bietet seinen Gästen eine Reihe von »Fashion Rooms«, die großteils von namhaften belgischen Modedesignern gestaltet wurden.

Amigo

Karte B3 ■ Rue de l'Amigo 1 – 3 ■ +32 (0)2 547 4747 ■ www.roccofortehotels.com ■ €€€

Das elegante und für seinen erstklassigen Service über Belgien hinaus bekannte Hotel Amigo residiert an der Stelle eines Gefängnisses aus dem 16. Jahrhundert nahe der Grand Place. Das Haus ist vollkommen im Stil der spanischen Renaissance gestaltet.

Stanhope
Karte E5 ▪ Rue du Commerce 9 ▪ +32 (0)2 506 9111 ▪ www.corinthia.com ▪ €€€
Das Hotel ist im englischen Landhausstil gestaltet. Es bietet elegante Zimmer und einen schönen Garten. Weitere Annehmlichkeiten sind ein Spitzenrestaurant und ein Fitnesscenter.

Brüssel: Hotels mit Flair

Espérance
Karte C1 ▪ Rue du Finistère 1–3 ▪ +32 (0)2 219 1028 ▪ www.hotel-esperance.be ▪ €
Das Art-déco-Schmuckstück aus den 1930er Jahren liegt unweit der Place des Martyrs (siehe S. 76). Die meisten Zimmer wurden modernisiert, nur Zimmer 7 ist noch weitgehend original erhalten. Die Taverne, die morgens als Frühstücksraum dient, ist ideal für einen abendlichen Drink.

Meininger
Karte A2 ▪ Quai Hainaut 33 ▪ +32 (0)2 588 1474 ▪ www.meininger-hotels.com ▪ €
Das im Stil einer Herberge gestaltete Hotel in einer früheren Brauerei trägt drei Sterne und bietet 170 einladende Zimmer. Für Familien gibt es entsprechend eingerichtete Unterkünfte.

Hotel Barsey by Warwick
Avenue Louise 381–383 ▪ +32 (0)2 649 9800 ▪ www.warwickhotels.com/barsey ▪ €€
Das am Südende der Avenue Louise gelegene Hotel wurde von dem französischen Designer Jacques Garcia in opulentem edwardianischen Stil umgestaltet. Alle Zimmer bieten den entsprechenden Luxus.

Hotel Bloom!
Karte E1 ▪ Rue Royale 250 ▪ +32 (0)2 220 69 05 ▪ www.nh-hotels.com ▪ €
Die weißen Zimmer dieses modernen Hotels hinter dem Jardin Botanique sind mit Fresken junger europäischer Künstler verziert. Von hier gelangt man schnell ins Zentrum oder zur Gare du Nord.

Ibis Styles Brussels Louise
Karte C6 ▪ Avenue Louise 212 ▪ +32 (0)2 644 2929 ▪ www.ibis.com ▪ €€
Das Hotel bietet helle, von jungen Künstlern gestaltete Zimmer. Das nette Begrüßungspaket enthält eine nützliche Liste mit Brüsseler Attraktionen. Gäste können Räder und Skooter ausleihen.

Le Dixseptième
Karte C3 ▪ Rue de la Madeleine 25 ▪ +32 (0)2 517 1717 ▪ www.ledixseptieme.be ▪ €€
Das zauberhafte kleine Hotel in der Residenz des spanischen Botschafters aus dem 17. Jahrhundert bietet einige geschmackvoll eingerichtete, nach belgischen Künstlern benannte Suiten mit Dachbalken, die antiken Charme mit modernem Flair verbinden.

Pantone Hotel
Karte C6 ▪ Place Loix 1 ▪ +32 (0)2 541 4898 ▪ www.pantonehotel.com ▪ €€
Weltweit erstmalig wurde bei der Gestaltung dieses Hotels durch Designer konsequent die sogenannte Pantone-Farbpalette eingesetzt. Vor weißen Wänden erstrahlen Möbel, Dekor und Accessoires in unterschiedlichsten Farbtönen. Die Aussicht vom Dach ist wunderbar.

Le Plaza
Karte C1 ▪ Boulevard Adolphe Max 118–126 ▪ +32 (0)2 278 0100 ▪ www.leplaza-brussels.be ▪ €€
Zwischen all den Deckenfresken, dem Stuck und dem Blattgold im prächtigen Foyer und in den Gemeinschaftsräumen des Hotels fühlt man sich ein wenig wie bei Ludwig XVI. zu Gast. Die Zimmer genügen höchsten Ansprüchen.

Odette en Ville
Karte D8 ▪ Rue de Châtelain 25 ▪ +32 (0)2 640 2626 ▪ www.odette enville.be ▪ €€€
Das Boutique-Hotel verfügt nur über acht in warmen Farben gestaltete Zimmer mit Fußbodenheizung. Ein romantisches Restaurant mit offenem Kamin sorgt für viel Wohlbehagen.

Vintage Hotel
Karte C6 ▪ Rue Dejoncker 45 ▪ +32 (0)2 533 9980 ▪ www.vintagehotel.be ▪ €€
Das Boutique-Hotel im Stil der 1960er Jahre liegt gleich bei der Avenue Louise. Die Zimmer wurden mit bunten Lampen und psychedelischen Tapeten eingerichtet. Der Frühstücksraum wird abends zur Bar.

Brüssel: günstige & Business-Hotels

2GO4 Grand Place
Karte C3 ▪ Rue de Haringstraat 6–8 ▪ +32 (0)2 219 3019 ▪ www.2go4.be ▪ €
Ganz in der Nähe der Grand Place liegt diese Jugendherberge. Das Angebot an Zimmertypen ist beachtlich, von großen Sälen über Doppel- bis zu Einzelzimmern, mit oder ohne Bad oder Dusche etc. Zudem gibt es kostenloses WLAN und gute Einrichtungen für Selbstversorger.

Aloft Brussels Schuman
Karte G4 ▪ Place Jean Rey ▪ +32 (0)2 800 0888 ▪ www.aloftbrussels.com ▪ €€
Das nette wie preiswerte Boutique-Hotel liegt im Herzen des EU-Viertels. Statt eines Restaurants gibt es einen 24 Stunden geöffneten Raum, in dem man sich am Automaten mit Snacks, Sandwiches, Salaten und Getränken versorgen kann. Auch für Frühstück ist hier bestens gesorgt. Kostenloses WLAN, ein Fitnessraum und eine Bar gehören ebenfalls zum Angebot das Hauses.

Aqua Hotel
Karte D5 ▪ Rue de Stassart 43 ▪ +32 (0)2 213 0101 ▪ www.aqua-hotel-brussels.com ▪ €€
Das saubere, preiswerte Hotel mit einer riesigen Kunstinstallation ist bei Geschäftsleuten auf der Suche nach einer Abwechslung bei der Unterbringung beliebt. Das Hotel liegt ruhig, aber gleich bei der Métro.

Marivaux
Karte C1 ▪ Boulevard Adolphe Max 98 ▪ +32 (0)2 227 0300 ▪ www.marivaux.hotels brussels.net ▪ €€
Das einfache, aber hervorragend ausgestattete Business-Hotel liegt nur wenige Gehminuten von der Grand Place entfernt. Es verfügt über eine gute Brasserie.

NH Brussels EU Berlaymont
Karte G3 ▪ Boulevard Charlemagne 11–19 ▪ +32 (0)2 231 0909 ▪ www.nh-hotels.com ▪ €€
In diesem Haus nahe der europäischen Machtzentrale und dem Parc Cinquantenaire nächtigen viele Diplomaten, Politiker und Journalisten, die sich nicht nur am topmodernen Kommunikationssystem, sondern zudem an Fitnesscenter, Sauna und türkischem Dampfbad erfreuen.

Pillows Grand Hotel Place Rouppe
Karte B4 ▪ Place Rouppe 17 ▪ +32 (0)2 204 0040 ▪ www.pillowshotels.com ▪ €€
Dieses Hotel befindet sich in einem hübschen neoklassizistischen Gebäude in der Nähe des Grand Place und bietet stilvolle und moderne Zimmer. Es gibt ein Spa, einen Hamam und ein Fitnesscenter.

The Progress Hotel
Karte G1 ▪ Rue du Progrès 9 ▪ +32 (0)2 205 1700 ▪ www.progresshotel.be ▪ €€
Das freundliche kleine Hotel unweit des Botanischen Gartens verfügt über funktionelle, in Schwarz und Weiß gestaltete Zimmer. Nach einem anstrengenden Tag bieten die Massagestühle in einem Wintergarten mit 100 Jahre alten Olivenbäumen wohltuende Entspannung. Die Rezeption vermittelt einen Fahrdienst zum Flughafen sowie individuelle Touren durch die Stadt.

Radisson Red Brussels
Karte E5 ▪ Rue d'Idalie 35 ▪ +32 (0)2 626 8111 ▪ www.radissonred.com ▪ €€
Das komfortable Hotel, bestens gelegen in direkter Nähe zum Europäischen Parlament, überzeugt mit geräumigen Designer-Gästezimmern, Sauna und Fitnessraum, Bar und Restaurant.

Thon Hotel EU
Karte F4 ▪ Rue de la Loi 75 ▪ +32 (0)2 204 39 11 ▪ www.thonhotels.com ▪ €€
Das farbenfroh gestaltete Hotel bietet funktionelle moderne Zimmer, kostenloses WLAN, Konferenzräume, Fitnessraum, Restaurant und sogar Shopping-Möglichkeiten.

Sofitel Brussels Europe
Karte G5 ▪ Place Jourdan 1 ▪ +32 (0)2 235 5100 ▪ www.accorhotels.com ▪ €€€
Das elegante Fünf-Sterne-Hotel liegt gleich beim Europäischen Parlament. Die geräumigen Zimmer sind erstklassig eingerichtet. Geboten werden Konferenzräume, ein Hamam, Fitnessraum und nicht zuletzt ein Schokoladengeschäft für Souvenirs.

Brügge: Luxushotels

De Castillion
Karte K4 ■ Heilige Geeststraat 1 ■ +32 (0)50 343 001 ■ www.castillion.be ■ €€
Eine Bischofsresidenz aus dem 17. Jahrhundert westlich des Zentrums birgt dieses komfortable Hotel, das neben hübsch eingerichteten Zimmern und Badezimmern auch eine schöne Art-déco-Bar bietet.

Crowne Plaza Hotel
Karte L4 ■ Burg 10 ■ +32 (0)50 446 844 ■ www.ihg.com ■ €€
Dieses effizient geführte moderne Hotel steht an der Burg im Herzen von Brügge. Es birgt die historisch interessanten Fundamente einer mittelalterlichen, dem hl. Donat geweihten Kirche. Gäste erfreuen sich hier an einem schönen Innenpool und am hoteleigenen Parkplatz.

Heritage
Karte K3 ■ Niklaas Desparsstraat 11 ■ +32 (0)50 444 444 ■ www.hotel-heritage.com ■ €€
Das schöne, komfortable Hotel in einem Haus aus dem 19. Jahrhundert liegt im alten Kaufmannsviertel nördlich vom Markt. Es lockt mit Wellness- und Fitnesscenter sowie mit einer Sonnenterrasse auf dem Dach.

Hotel Aragon
Karte K3 ■ Naaldenstraat 22 ■ +32 (0)50 333 533 ■ www.hotelaragon.be ■ €€
Das Aragon unweit des Stadtzentrums ist so gut geführt, wie es sich präsentiert. Es gehört wie das Dukes' Palace (siehe unten) zur Kette Swan Hotel Collection. Das Aragon verfügt auch über acht Apartments in einem Nebengebäude, in denen jeweils bis zu sieben Gäste untergebracht werden können.

Hotel Dukes' Palace
Karte K4 ■ Prinsenhof 8 ■ +32 (0)47 888 ■ www.hoteldukespalace.com ■ €€
Das Hotel im ehemaligen Herzogspalast lässt keine Wünsche offen. Der Pool des Spas, die Kunstgalerie und die Kapelle verleihen dem Haus das gewisse Extra. Die Hotelbar zu besuchen, ist kostspielig, aber ein besonderes Erlebnis.

Hotel de Orangerie
Karte K4 ■ Kartuizerinnenstraat 10 ■ +32 (0)50 341 649 ■ www.hotelorangerie.be ■ €€
Das hübsche Gebäude aus dem 15. Jahrhundert birgt einen prachtvoll getäfelten Frühstücksraum und eine Lounge, deren Terrasse den Dijver überblickt. Das Hotel verströmt charaktervollen Charme.

NH Brugge
Karte J5 ■ Boeveriestraat 2 ■ +32 (0)50 449 7 11 ■ www.nh-hotels.com ■ €€
Unter den Hotels am Zand, einem großen offenen Platz im Westen der Stadt Brügge, ist dieses Haus mit seinen komfortablen Zimmern und dem einladenden Swimmingpool vielleicht das beste.

Die Swaene
Karte L4 ■ Steenhouwersdijk 1 ■ +32 (0)50 342 798 ■ www.dieswaene.be ■ €€
Das kleine Hotel am Kanalufer ist Teil einer Häuserzeile aus dem 15. Jahrhundert nahe der Burg im Zentrum. Das Haus bietet Himmelbetten, einen Pool und ein exzellentes Restaurant.

The Pand Hotel
Karte L4 ■ Pandreitje 16 ■ +32 (0)50 340 666 ■ www.pandhotel.com ■ €€
Das Boutique-Hotel in einem schönen Stadthaus aus dem 18. Jahrhundert ist ein romantischer Rückzugsort. Es ist wunderschön und sehr behaglich und befindet sich in einer hübschen Allee in der Nähe der Burg.

Bonifacius
Karte K5 ■ Groeninge 4 ■ +32 (0)50 490 049 ■ www.bonifacius.be ■ €€€
Das Boutique-B & B residiert in einem alten Haus (16. Jh.) mit Blick auf Kanal und Bonifaciusbrug. Jedes Zimmer ist mit kostbaren Stoffen und Antiquitäten eingerichtet und verfügt über ein Bad. Das Restaurant Den Gouden Harynck gegenüber hat einen Michelin-Stern (siehe S. 98).

De Tuilerieën
Karte L4 ■ Dijver 7 ■ +32 (0)50 343 691 ■ www.hoteltuilerieen.com ■ €€€
Dieses reizende Hotel nahe dem Groeningemuseum lockt mit der Eleganz des 18. Jahrhunderts und einem schönen Pool.

Preiskategorien siehe S. 124

Brügge: Mittelklassehotels

Hotel Malleberg

Karte L4 ■ Hoogstraat 7 ■ +32 (0)50 344 111 ■ www.malleberg.be ■ €
Das gemütliche, überaus geschmackvoll eingerichtete Hotel befindet sich in Familienbesitz und liegt nur wenige Schritte vom Markt entfernt. Das herzhafte Frühstücksbüfett wird im Gewölbekeller serviert. Überall im Haus gibt es kostenloses WLAN. Bei der Zimmerreservierung sind für einige Sehenswürdigkeiten verbilligte Tickets erhältlich.

Adornes

Karte L3 ■ Sint-Annarei 26 ■ +32 (0)50 341 336 ■ www.adornes.be ■ Jan geschl. ■ €€
Das Adornes ist Teil einer Gruppe renovierter Häuser aus dem 16. bis 18. Jahrhundert in Kanalnähe. Es liegt im ruhigeren östlichen Teil der Innenstadt, nur wenige Minuten vom Zentrum entfernt, und verströmt rustikalen Charme. Für Gäste stehen kostenlose Fahrräder zur Verfügung. Auch Parkplätze sind gratis.

Bourgoensch Hof

Karte L4 ■ Wollestraat 35 ■ +32 (0)50 033 1645 ■ www.hotelbh.be ■ €€
Das beliebte Hotel ist in einer ehemaligen Brauerei aus dem 16. Jahrhundert untergebracht und bietet preiswerte Zimmer mit wundervollem Blick auf den Kanal. Es befindet sich im historischen Zentrum von Brügge an einem abgelegenen Ort.

Hotel Jacobs

Karte L2 ■ Baliestraat 1 ■ +32 (0)50 339 831 ■ www.hoteljacobs.be ■ €€
Dieses familiengeführte Hotel liegt in einem malerischen Viertel von Brügge. Es bietet behagliche Gemeinschaftsräume und gemütliche Zimmer. Zu Markt und Burg sind es nur zehn Minuten zu Fuß, entsprechend nah liegen die Museen, Restaurants und Läden.

Jan Brito

Karte L4 ■ Freren Fonteinstraat 1 ■ +32 (0)50 330 601■ www.janbrito.com ■ €€
Das zentral zwischen Burg und dem Koningin Astridpark gelegene Jan Brito residiert in einem Haus aus dem 16. Jahrhundert mit Stufengiebel und Ziegelfassade. Sehr hübsch ist auch der »Renaissance-Garten«.

De' Medici

Karte L2 ■ Potterierei 15 ■ +32 (0)50 339 833 ■ www.hoteldemedici.com ■ €€
Das moderne Hotel liegt am Kanal und verfügt über ein japanisches Restaurant, ein Fitnesscenter, eine Sauna mit Dampfbad sowie einen japanischen Garten.

Navarra

Karte K3 ■ Sint-Jakobsstraat 41 ■ +32 (0)50 340 561 ■ www.hotelnavarra.com ■ €€
Das ehemalige Handelshaus der Kaufleute von Navarra birgt heute ein elegantes Hotel mit modern ausgestatteten Zimmern, gutem Service und Komfort, Fitnesscenter und Pool.

Oud Huis de Peellaert

Karte L4 ■ Hoogstraat 20 ■ +32 (0)50 337 889 ■ www.tepeellaert.com ■ €€
Kronleuchter, Antiquitäten und eine Wendeltreppe setzen in diesem eleganten restaurierten Anwesen des 19. Jahrhunderts gestalterische Ausrufezeichen. Der hohe Standard macht das Hotel im Herzen des historischen Brügge zu einem echten Highlight.

Park Hotel

Karte J5 ■ Vrijdagmarkt 5 ■ +32 (0)50 333 364 ■ www.parkhotel-brugge.be ■ €€
Das gut geführte Hotel gehört zu den größeren Häusern am Zand und überzeugt mit eleganter Ausstattung und professionellem Service sowie einem Wintergarten. Von dem weitläufigen Marktplatz im Westen erreicht man Brügges Zentrum in zehn Minuten. Auch eine geräumige Parkgarage unter dem Hotel ist vorhanden.

Prinsenhof

Karte K4 ■ Ontvangersstraat 9 ■ +32 (0)50 342 690 ■ www.prinsenhof.be ■ €€
Das hübsche kleine Hotel versteckt sich in einer Seitenstraße in einem Viertel westlich der Innenstadt – da, wo einst der prächtige Palast der Herzöge von Burgund stand. Ein kleines bisschen Glanz und Gloria hat sich im Dekor des Hotels noch erhalten. Service und Komfort wurden bereits mehrfach und zu Recht ausgezeichnet.

Brügge: preiswerte Hotels

Bauhaus Hotel
Karte M3 ■ Langestraat 135 (Rezeption in Nr. 145) ■ +32 (0)50 341 093 ■ www.bauhaus.be ■ €
Das beliebte, freundliche »International Youth Hotel« im Osten der Stadt liegt etwa 15 Minuten vom Zentrum entfernt. Es bietet die preiswerteste Unterkunft in Brügge, ein günstiges Restaurant und eine Bar.

Charlie Rockets
Karte L4 ■ Hoogstraat 19 ■ +32 (0)50 330 660 ■ www.charlierockets.com ■ €
Das »Jugendhotel« in einem umgebauten Kino bietet äußerst schlichte Zimmer und eine große, laute Café-Bar, wo man sich bei Rockmusik, Burgern und Nachos unterhält. Angesichts der zentralen Lage östlich der Burg sind die Preise wirklich moderat.

Hostel de Passage
Karte K4 ■ Dweerstraat 26 ■ +32 (0)50 340 232 ■ www.passagebruges.com ■ €
Zu diesem preiswerten 14-Zimmer-Hotel mit lässigem Flair gehört auch ein »Jugendhotel« mit noch günstigeren Preisen. Das Haus ist mit dem reizenden Lokal Gran Kaffee de Passage verbunden (siehe S. 99).

Hotel Biskajer
Karte K3 ■ Biskajersplein 4 ■ +32 (0)50 341 506 ■ www.hotelbiskajer.com ■ €
Das mit 17 Gästezimmern eher kleine Hotel liegt nördlich vom Markt. Sein Leistungsangebot ist überschaubar, dafür sind die Preise für ein Hotel dieser Qualität mehr als günstig. Alle Zimmer verfügen über ein eigenes Bad. Das Frühstücksbüfett ist im Zimmerpreis enthalten. Letzteres nimmt man in einem kleinen Frühstücksraum ein, zudem verfügt das Hotel über eine gemütliche Bar mit Bieren aus der Region. Kinder unter 16 Jahren sind im Biskajer nicht erwünscht.

Hotel Canalview Ter Reien
Karte L3 ■ Langestraat 1 ■ +32 (0)50 349 100 ■ www.hotelterreien.be ■ €
Das östlich der Burg malerisch am Kanal gelegene Hotel bietet reizende Zimmer, guten Service, kostenloses WLAN und ein exzellentes Preis-Leistungs-Verhältnis.

Lucca
Karte K3 ■ Naaldenstraat 30 ■ +32 (0)50 342 067 ■ www.hotellucca.be ■ €
Hinter der klassizistischen Fassade aus dem 18. Jahrhundert verbirgt sich ein noch älteres Gebäude – hier frühstückt man im mittelalterlichen Kellergewölbe. In diesem Haus logierten einst Kaufleute aus Lucca, die Verbindungen zu dem Bankier Giovanni Arnolfini hatten. Ihn porträtierte Jan van Eyck in seinem berühmten Gemälde *Die Arnolfini-Hochzeit*. Die Zimmer wirken ein wenig altmodisch, was sich aber durchaus in moderaten Zimmerpreisen niederschlägt.

De Pauw
Karte L2 ■ Sint-Gilliskerkhof 8 ■ +32 (0)50 337 118 ■ www.hoteldepauw.be ■ €
Blumen zieren die Ziegelfassade des familiengeführten Hotels nahe der alten Kirche St. Gillis in der ruhigen nördlichen Altstadt. Die behagliche Innenausstattung lässt an ein Privathaus denken. Ins Zentrum sind es von hier nur zehn Minuten zu Fuß.

Hotel Ter Brughe
Karte K3 ■ Oost Gistelhof 2 ■ +32 (0)50 340 324 ■ www.hotelterbrughe.com ■ €€
In dem bezaubernden alten Viertel nordöstlich des Augustijnenrei findet sich in einem alten Gebäude (16. Jh.) mit Blick auf den Kanal dieses Hotel. Der Frühstücksraum liegt in einem Keller mit Ziegelgewölben.

Patritius
Karte L3 ■ Riddersstraat 11 ■ +32 (0)50 338 454 ■ www.hotelpatritius.be ■ €€
Angesichts der niedrigen Preise residiert das Patritius in einem überraschend prächtigen Haus aus dem 19. Jahrhundert nordöstlich vom Markt.

Ter Duinen
Karte L2 ■ Langerei 52 ■ +32 (0)50 330 437 ■ www.terduinenhotel.eu ■ €€
Das kleine Hotel im Norden der Stadt ist nur 15 Gehminuten von Brügges Zentrum entfernt. Die Zimmer sind mit Doppelfenstern und Klimaanlage ausgestattet, die Gemeinschaftsräume elegant gestaltet.

Preiskategorien siehe S. 124

Antwerpen

Pulcinella

Karte T2 ▪ Bogaardeplein 1 ▪ +32 (0)3 234 0314 ▪ www.jeugdherbergen. be ▪ €
Die vermutlich schickste Jugendherberge in Belgien überzeugt mit minimalistischem Interieur sowie einem Mix aus Zwei-, Vier- und Sechs-Bett-Zimmern. Die Bar im Haus ist ein beliebter Treffpunkt. Für behinderte Gäste wurden Zugang und Zimmer berücksichtigt. Keine Sperrstunde.

Quality Hotel Antwerpen Centrum Opera

Karte U2 ▪ Molenbergstraat 9–11 ▪ +32 (0)3 232 7675 ▪ www.choicehotels. com ▪ €
Gleich hinter der Einkaufsstraße Meir bietet das Haus der bekannten Kette moderne Zimmer und effizienten Service. Zum Angebot gehören ein Frühstücksbüfett und eine Bar.

Firean

Karel Oomsstraat 6 ▪ +32 (0)3 237 0260 ▪ www.hotelfirean.com ▪ €€
Der von vielen Gästen gelobte Familienbetrieb in einem Art-déco-Haus der 1920er Jahre liegt etwas abseits. Die schön ausgestatteten Zimmer sind geräumig.

Hotel Docklands

Kempisch Dok Westkaai 84–90 ▪ +32 (0)3 231 0726 ▪ www.hotel docklands.be ▪ €€
Das Hotel der Best-Western-Gruppe liegt im Szene-Bezirk bei den alten Hafenanlagen. Neben

Zimmern werden auch Apartments angeboten. Es gibt ein üppiges Frühstücksbüfett, aber man findet auch in der nahen Umgebung zahlreiche Speiselokale und Cafés.

Hotel Rubens

Karte T1 ▪ Oude Beurs 29 ▪ +32 (0)3 222 4848 ▪ www.hotelrubens antwerp.be ▪ €€
Gleich hinter dem Grote Markt liegt dieses ruhige Hotel mit geräumigen Suiten und herrlicher Aussicht. Bei schönem Wetter kann man auf der Terrasse frühstücken.

Julien

Karte T1 ▪ Korte Nieuwstraat 24 ▪ +32 (0)3 229 0600 ▪ www.hotel-julien. com ▪ €€
Zwei Stadthäuser, über einen Patio verbunden, bilden dieses moderne Hotel. Es liegt zwischen der Shopping-Meile Meir und der Kathedrale.

Leopold

Karte V3 ▪ Quinten Matsijslei 25 ▪ +32 (0)3 231 15 15 ▪ www.leopold hotelantwerp.com ▪ €€
Das bescheidene moderne Hotel gehört zur kleinen Leopold-Gruppe. Es ist gut geführt und angenehm eingerichtet. Es liegt in Gehweite zur Centraal Station, dem Rubenshuis und der Shopping-Meile Meir. Gästen stehen eine Bar und ein Fitnessraum zur Verfügung. Der hübsche Stadspark liegt gleich gegenüber.

Matelote

Karte T2 ▪ Haarstraat 11a ▪ +32 (0)3 201 8800 ▪ www.hotel-matelote.be ▪ €€

Das umgebaute Stadthaus in der Nähe der Schelde verfügt über neun blendend weiße, minimalistisch gestaltete, aber modern ausgestattete Zimmer. Frühstück wird gegen Aufpreis angeboten.

Radisson Blu Astrid Hotel

Karte V2 ▪ Koningin Astridplein 7 ▪ +32 (0)3 203 1273 ▪ www. radissonblu.com ▪ €€
Das große und bestens geführte Hotel in der Nähe des Hauptbahnhofs (Centraal Station) verfügt über große Konferenzräume und ist für Geschäftsreisende hervorragend ausgestattet. Zum Haus gehören ein gut ausgestattetes Fitnesscenter und ein Swimmingpool.

't Sandt

Karte T2 ▪ Zand 17 ▪ +32 (0)3 232 9390 ▪ www. hotel-sandt.be ▪ €€
Das Hotel in einem alten Patrizierhaus westlich der Kathedrale und nahe am Fluss wurde in einer Art »Neo-Rokokostil« modern und elegant renoviert. Alle Suiten und das luxuriöse Penthouse sind um einen Innenhof gruppiert.

Theater Hotel

Karte U2 ▪ Arenbergstraat 30 ▪ +32 (0)3 203 5410 ▪ www.theater-hotel.be ▪ €€
Dieses moderne Komforthotel liegt überaus günstig: Es befindet sich nahe dem Rubenshuis und ist nur wenige Minuten von der Kathedrale und den besten Einkaufsstraßen der Stadt entfernt.

Gent

Hostel 47
Karte R1 ■ Blekerijstraat 47 ■ +32 (0)478 712 827 ■ www.hostel47.com ■ €
Diese Jugendherberge bietet neun Zimmer in Gehentfernung von Gents historischem Zentrum. Es hat trendige Gemeinschaftsräume mit kostenlosem WLAN und keine Sperrstunde. Zimmer für zwei bis sechs Personen. Frühstück inbegriffen.

Hotel Onderbergen
Karte P3 ■ Onderbergen 69 ■ +32 (0)9 223 6200 ■ www.hotelonderbergen. be ■ €
Nur drei Gehminuten von der Sint-Baafskathedrale entfernt erwartet Sie dieses kühl-minimalistische Boutique-Hotel. Einige der geräumigen Zimmer sind mit Balkendecke ausgestattet. Neben Familienzimmern für bis zu sechs Personen bietet das Hotel ein Apartment.

Monasterium PoortAckere
Karte P2 ■ Oude Houtlei 58 ■ +32 (0)9 269 2210 ■ www.monasterium.be ■ €
Das Hotel nimmt ein umgebautes Kloster ein. Das Gebäude (19. Jh.) und seine Anlagen verströmen eine Atmosphäre himmlischer Ruhe.

Erasmus Hotel
Karte P2 ■ Poel 25 ■ +32 (0)9 224 2195 ■ www. erasmushotel.be ■ €€
Das Haus des 16. Jahrhunderts liegt westlich des Stadtzentrums. Es hat sich viel vom seinem ursprünglichen Charme bewahrt und ist mit Antiquitäten ausgestattet.

Ghent River Hotel
Karte Q1 ■ Waaistraat 5 ■ +32 (0)9 266 1010 ■ www.ghent-river-hotel. be ■ €€
Das zweckmäßig moderne Hotel mit 77 Zimmern nimmt zwei Gebäude ein: ein Haus des 16. Jahrhunderts und eine Fabrik aus dem 19. Jahrhundert. Es liegt am Ufer der Leie, nahe dem lebhaften Vrijdagmarkt. Dank eines kleinen Steinpiers ist es auch mit dem Boot zu erreichen – als einziges Hotel der Stadt. Dieses Erlebnis sollte man sich nicht entgehen lassen.

Hotel de Flandre
Karte P2 ■ Poel 1–2 ■ +32 (0)9 266 0600 ■ www.hoteldeflandre.be ■ €€
Das elegante Stadthaus, versteckt hinter dem Korenlei gelegen, zeigt in den öffentlichen Bereichen so manches architektonische bzw. Dekor-Detail aus dem 19. Jahrhundert. Die Zimmer sind zwar schlichter, aber durchaus komfortabel eingerichtet.

Hotel Gravensteen
Karte P1 ■ Jan Breydelstraat 35 ■ +32 (0)9 225 1150 ■ www.gravensteen. be ■ €€
Gegenüber dem Schloss liegt dieses Hotel mit 49 Zimmern über einem beeindruckenden Portal. Es bietet gemütliche Zimmer, eine nette Bar mit einer bemerkenswerten Auswahl an belgischen Bieren, Sauna und Fitnessraum sowie ein üppiges Frühstücksbüfett. Die Gäste haben Zugang zu einem privaten Parkplatz. Kleine Haustiere sind erlaubt.

Hotel Harmony
Karte Q1 ■ Kraanlei 37 ■ +32 (0)9 324 2680 ■ www.hotel-harmony.be ■ €€
In 't Patershol, dem ältesten Viertel von Gent, bietet dieses schicke, familiengeführte Hotel einige edle Zimmer mit Blick auf den Kanal und die Genter Altstadt mit ihren drei Türmen. Ein Pool im hübschen Innenhof lädt zum Entspannen ein.

Ibis Gent Centrum Kathedraal
Karte Q2 ■ Limburgstraat 2 ■ +32 (0)9 233 0000 ■ www.accorhotels.com ■ €€
Im Zentrum Gents mit Blick auf die Sint-Baafskathedraal liegt dieses gut geführte und attraktive Haus der Ibis-Kette.

NH Gent Belfort
Karte Q2 ■ Hoogpoort 63 ■ +32 (0)9 233 3331 ■ www.nh-hotels.com ■ €€
Das Hotel mit dem für die Kette typischen eleganten Komfort verfügt über alle erdenklichen Luxuseinrichtungen, darunter auch Fitnesscenter und Sauna. Das Haus liegt sehr zentral gegenüber dem Stadhuis.

Pillows Grand Hotel Reylof
Karte P2 ■ Hoogstraat 36 ■ +32 (0)9 235 4070 ■ www.pillowshotels.com ■ €€€
Ein großes Herrenhaus (18. Jh.) und eine moderne Erweiterung bieten luxuriöse Unterkünfte in der Nähe des historischen Zentrums. Es gibt einen Hofgarten, eine Bar, ein angesehenes Restaurant und ein Wellnesscenter.

Preiskategorien siehe S. 124

Textregister

Seitenzahlen in **fetter** Schrift verweisen auf Haupteinträge.

A

ADAC 117
ADAM *siehe* Art & Design Atomium Museum
Albert, Erzherzog 41
Anbetung der Könige (Memling) 30
Ancienne Belgique (Brüssel) 58
Antiquitätenläden 60
Antonello da Messina 37
Antwerpen 100–107
  Bars & Clubs 107
  Cafés & Restaurants 106
  Hotels 130
  Karten 9, 100f, 103
  Kathedrale 32f
  Kostenlose Attraktionen 65
  Rubenshuis 9, 13, **34f**
  Shopping 105
  Sieben Tage in Brüssel & Flandern 9
  Spaziergang 103
Antwerpen Zoo 56
Apotheken 119
Architektur 47
  Art-nouveau-Gebäude in Brüssel 48f
Arentshuis (Brügge) 92
Art & Design Atomium Museum (ADAM; Brüssel) 82
Art déco 47
Art nouveau 47
  Art-nouveau-Gebäude in Brüssel 48f
  Musée Horta (Brüssel) 12, **22f**, 48
Ärzte 118
Atomium (Brüssel) 49, 83
Ausflüge 68f
Ausweisdokumente 119
Autofahren
  Autoreisen 116, 117
  Mietwagen 117
  Pannendienste 117
  Parken 65
  Sportevents 67

B

Baekeland, Léo-Hendrik 43
Balat, Alphonse 19
Balduin Eisenarm, Graf von Flandern 41
Banken 119
Barockarchitektur 47

Bars
  Antwerpen 107
  Brügge 97
  Brüssel 78, 87
  Gent 112
Basilique Nationale du Sacré-Cœur (Brüssel) 49, 86
Basiliuskapelle (Brügge) 29
Bauernadvokat, Der (Brueghel) 52
Bavo, St. 109
Bed & Breakfast 123
Begijnhof (Antwerpen) 55
Begijnhof (Brügge) 7, 93
Begijnhofjes *siehe* Béguinages
Béguinage d'Anderlecht (Brüssel) 55, 86
Béguinages 7, 55, 86, **92**, 93
Behinderte Reisende 120f
Belfort (Brügge) 7, 56f, 91
Belfort (Gent) 109, 111
Belgische September-revolution (1830) 41
BELvue Museum (Brüssel) 76
Bibliothèque royale de Belgique (Brüssel) 54
Bier 60f, 122f
  Cantillon (Brüssel) 86
  Huisbrouwerij De Halve Maan (Brügge) 94
  Stadsbrouwerij De Koninck (Antwerpen) 104
Bilderstürmer 33
Bistros
  Brügge 99
  Brüssel 81
Blinde Ezelstraat (Brügge) 28
Blumen
  Tapis de Fleurs (Brüssel) 15
Boerentoren (Antwerpen) 103
Bordiau, Gédéon 51
Bords de la Lys (Claus) 45
Bosch, Hieronymus 111
  Das Jüngste Gericht 30
Botschaften 118, 119
Boudewijn Seapark (Brügge) 57
Boulenger, Hippolyte 18
Bourse, La (Brüssel) 6, 16
Bouts, Dieric 18
  Martyrium des heiligen Hippolyt 31
Brabanter Gotik 47
Braekeleer, Henri de
  Das Kartenspiel 73

Brangwyn, Frank 92
Brasserien
  Brügge 99
  Brüssel 81
Brauereien *siehe* Bier
Breidelstraat (Brügge) 28
Brel, Jacques 42
Breydel, Jan 41
Brueghel d.Ä., Pieter 18, 44, 73, 76
Brügge 90–99
  Burg 7, 13, **28f**, 91
  Cafés, Bars & Kneipen 97
  Kanaltouren 57
  Kostenlose Attraktionen 65
  Östliches Brügge 54, 95
  Goldenes Zeitalter 31
  Groeningemuseum 13, **30f**, 53, 91
  Hotels 127–129
  Brasserien & Bistros 99
  Karten 7, 90
  Restaurants 98f
  Sieben Tage in Brüssel & Flandern 7
  Shopping 96
  Sint-Janshospitaal 7, 13, **30f**, 53, 92
  Groeningemuseum & Sint-Janshospitaal **30f**
  Spaziergänge 65, 93
Brunfaut, Jules 48
Bruparck (Brüssel) 56
Brüssel
  Art-nouveau-Gebäude 48f
  Bars und Cafés 78, 87
  Centre Belge de la Bande Dessinée 7, 12, **26f**, 48, 56, 74
  Grand Place 10f, 12, **14–17**, 64, 73
  Hotels 124–126
  Karten 6, 72, 75, 82f, 85
  Kostenlose Attraktionen 64
  Musée des Instruments de Musique 6, 12, **20f**, 49, 50, 57, 73, 75
  Musée Horta 7, 12, **22f**, 48
  Musées royaux des Beaux-Arts (Brüssel) 6, 12, **18f**, 50, 52, 73, 75
  Nachtleben 79
  Restaurants 80f, 87
  Shopping 77
  Spaziergänge 75, 85
  Umgebung von Brüssel 82–87
  Zentrum von Brüssel 72–81
  Zwei Tage in Brüssel 6f
Bruyn, Guillaume de 14, 15
Buls, Charles 17

Burg (Brügge) 7, 13, **28f**, 91
Burgen
    Het Gravensteen (Gent)
    57, 111
Burgund, Grafen von 31, 40
Busreisen 116, 117
Busse 117
Buuren, Alice van 54
Buuren, David van 54, 83

C
Caesar, Julius 40
Cafés
    Antwerpen 106
    Brügge 97
    Brüssel 78, 87
    Gent 112
Camping 123
Cantillon (Brüssel) 86
Cauchie, Paul 48
Centraal Station
    (Antwerpen) 49, 65
Centre Belge de la Bande
    Dessinée (Brüssel) 7, 12,
    26f, 48, 56, 74
Charlier, Guillaume 74
Chez Moeder Lambic
    (Brüssel) 78
Christus, Petrus 18
Ciamberlani, Albert 49
Cinematek (Brüssel) 76
Cinquantenaire (1880) 51, 84
Citadelpark (Gent) 55
Claus, Émile 18, 45
    Bords de la Lys 45
Claus, Hugo 59
Clubs
    Antwerpen 107
Cogels-Osylei (Antwerpen)
    104
Comics
    Centre Belge de la Bande
    Dessinée (Brüssel) 7, 12,
    26f, 48, 56, 74
Concertgebouw (Brügge) 58
Coninck, Pieter de 41
Cornet, Le (Brüssel) 14
Culliford, Pierre siehe Peyo
Curtsem, Henri van 74

D
Dalí, Salvador 45
Damien, Pater 43
Damme 69, 93
David, Gerard
    Das Urteil des Cambyses
    31
David, Jacques-Louis 18
Delacenserie, Louis 49, 65
Delvaux, Paul 45
    Nos Vieux Trams Bruxellois
    53
Delville, Jean 19, 45
Denker, Der (Rodin) 53
Design Museum Gent (Gent)
    8, 51, 111

deSingel (Antwerpen) 59
Diamanten
    Diamantmuseum
    (Brügge) 94
    Shopping 61
Dichter 59
Duinenbrug (Brügge) 95

E
Église siehe Kirchen
Egmont, Graf 40
Einreise 118
Ensor, James 18, 45, 74
Erasmus
    Maison d'Érasme
    (Brüssel) 86
Erster Weltkrieg 41, 55
Estaminets 78, 81, 97
Étangs d'Ixelles (Brüssel)
    55
Europäische Union 41, 64,
    84f
Europäisches Parlament &
    Parlamentarium (Brüssel)
    64, 84f
Evenepoel, Henri 18
Everard 't Serclaes 15
Eyck, Hubrecht van 13, 36f,
    47, 53, 109
Eyck, Jan van 29, 44
    Genter Altar 8, 13, **36f**, 44,
    47, 53, 109
    Madonna des Kanonikus
    Georg van der Paele 31
    Ursula-Legende 30

F
Fahrradfahren 67, 117
Faydherbe, Lucas 103
Feiertage 119
Fernsehen 120
Feste & Veranstaltungen
    66f
Festival van Vlaanderen 66
Festivals 66f
Fête de Saint-Nicolas 67
Feuerwehr 119
Film
    Cinematek (Brüssel) 76
Flamboyantstil 47
Flugreisen 116, 117
Foire du Midi (Brüssel) 66
Forêt de Soignes (Brüssel)
    55, 68
FotoMuseum Provincie
    Antwerpen (FoMU,
    Antwerpen) 9, 104
Franck, César 59
Französische Revolution
    33
Frédéric, Léon 19, 45, 74,
    84
Fremdenverkehrsbüros 121
Frietmuseum (Brügge) 7,
    93, 94
Fußball 67

G
Galerie Bortier (Brüssel) 55
Galeries Royales Saint-
    Hubert (Brüssel) 6, 16, 76,
    114f
Gallé, Émile 18
Gärten siehe Parks & Gärten
Geld 119, 120
    Preiswert reisen 65
Gent 108–113
    Hotels 131
    Kanalfahrten 57
    Karten 8, 108, 111
    Kostenlose Attraktionen
    64
    Läden, Cafés & Bars 112
    Restaurants 113
    Sieben Tage in Brüssel &
    Flandern 8
    Spaziergang 111
Genter Altar (van Eyck) 8,
    13, **36f**, 44, 47, 53, 109
Gentse Floraliën (Gent) 66
Géry, St- 17
Geschichte Brügges, Die
    (de Vriendt) 53
Gezelle, Guido 95
Gezellemuseum (Brügge) 95
Ghelderode, Michel de 59
Gobelins 60
Godefroy de Bouillon 75
Godshuis De Vos (Brügge) 94
Goes, Hugo van der 111
    Martyrium des heiligen
    Hippolyt 31
Goldenes Zeitalter von
    Brügge 31
Goldsporenschlacht (1302)
    40
Gotische Architektur 47
Grand Place (Brüssel) 10f,
    12, **14–17**, 64, 73
Graslei (Gent) 8, 64, 109, 111
Groenerei (Brügge) 91, 93
Groeningemuseum (Brügge)
    7, 13, **30f**, 53, 91
Grote Markt (Antwerpen) 9,
    101, 103
Grumiaux, Arthur 59
Gruuthusemuseum
    (Brügge) 50, 93

H
Hallyday, Johnny 42f
Hankar, Paul 49, 111
Hannon, Édouard 48
Hazard, Eden 43
Heilig Bloedbasiliek
    (Brügge) 28
Heilig Bloedprocessie
    (Brügge) 66
Henin, Justine 43
Hergé (Georges Rémi) 27,
    42, 53, 74
Het Gravensteen (Gent) 57,
    111

Historische Ereignisse 40f
Historium (Brügge) 57, 94
Hoorn, Graf 40
Horta, Victor 18, 23, 43
   Centre Belge de la Bande
   Dessinée (Brüssel) 26, 48
   Design Museum Gent
   (Gent) 111
   Hôtel Solvay (Brüssel) 49
   Hôtel Tassel (Brüssel) 48
   Maison Autrique (Brüssel)
   54, 86
   Musée Charlier (Brüssel)
   74
   Musée Horta (Brüssel) 7,
   12, **22f**, 48, 51, 83, 85
   Palais des Beaux-Arts
   (Brüssel) 58
   Pavillon Horta-Lambeaux
   (Brüssel) 84
Hôtel Ciamberlani (Brüssel)
   49
Hôtel de Ville (Brüssel) 14
Hôtel Hannon (Brüssel) 48
Hôtel Saint-Cyr (Brüssel) 48,
   49, 85
Hôtel Solvay (Brüssel) 49
Hôtel Tassel (Brüssel) 48
Hotels 123–131
   Preiswert reisen 65, 126,
   129
Huis van Alijn (Gent) 8, 51,
   57, 110
Huisbrouwerij De Halve
   Maan (Brügge) 94

I

Ickx, Jacky 43
Ieper (Ypern) 69
Île Saint-Géry (Brüssel) 17
Information 121
Internet 120
Isabella von Portugal 31
Isabella, Infantin 41

J

Jeruzalemkerk (Brügge) 7,
   49, 95
Johanna von Kastilien 32
Jordaens, Jacob 18, 45
   Vier Kirchenlehrer 45
Jugendherbergen 123
Jüngste Gericht, Das (Bosch)
   30

K

Kanäle
   Brügge 91
   Gent 109
   Kanaltouren 57
Kanaltouren 57
Kantcentrum (Brügge) 7,
   95
Karl der Große 40
Karl der Kühne, Herzog von
   Burgund 31, 92

Karl V., Kaiser 40, 41, 74,
   110
Karl von Lothringen, Herzog
   17, 41
Karten
   Antwerpen 9, 100f, 103
   Ausflüge 69
   Brügge 7, 90, 91
   Brügge: Burg 28
   Brüssel 6
   Brüssel: Grand Place 15
   Brüssel: Umgebung 82f,
   85
   Brüssel: Zentrum 72, 75
   Brüssel & Flandern:
   Highlights 12f
   Gent 8, 108, 111
Kartenspiel, Das (de
   Braekeleer) 73
Kathedralen
   Antwerpen 9, 13, **32f**
   Cathédrale des Saints
   Michel et Gudule (Brüssel)
   6, 24f, 46, 74f
   Onze-Lieve-
   Vrouwekathedraal
   (Antwerpen) 47, 101
   Sint-Baafskathedraal
   (Gent) 36, 47, 109, 111
   Sint-Salvatorskathedraal
   (Brügge) 46, 94
   siehe auch Kirchen
Keersmaeker, Anne Teresa
   de 43
Khnopff, Fernand 18, 45, 74
   Secret-Reflet 31
Kinder 56f
   Kinderkleidung 61
Kinos *siehe* Film
Kirchen 46f, 65
   Basilique Nationale du
   Sacré-Cœur (Brüssel) 49,
   86
   Basiliuskapelle (Brügge)
   29
   Église Notre-Dame de la
   Chapelle (Brüssel) 76
   Église Notre-Dame du
   Bon Secours (Brüssel)
   17
   Église Notre-Dame du
   Sablon (Brüssel) 46, 73
   Église Saint-Jacques-sur-
   Coudenberg (Brüssel)
   46
   Église Saint-Jean-
   Baptiste au Béguinage
   (Brüssel) 7, 46, 54, 75
   Église Saint-Nicolas
   (Brüssel) 17
   Église Sainte-Catherine
   (Brüssel) 75
   Heilig Bloedbasiliek
   (Brügge) 28
   Jeruzalemkerk (Brügge)
   7, 49, 95

Onze-Lieve-Vrouwekerk
   (Brügge) 7, 46, 92, 93
Sint-Annakerk (Brügge) 7,
   95
Sint-Carolus
   Borromeuskerk
   (Antwerpen) 103, 104
Sint-Jacobskerk
   (Antwerpen) 103
Sint-Jakobskerk (Brügge)
   94
Sint-Niklaaskerk (Gent)
   47, 109, 111
Sint-Pauluskerk
   (Antwerpen) 9, 104
Sint-Walburgakerk
   (Brügge) 7, 94
   siehe auch Kathedralen
Klassizismus 47
Klein Begijnhof (Gent)
   110
Klima 120
Klimt, Gustav 49
Koningin Astridpark
   (Brügge) 55
Koninklijk Museum voor
   Midden-Afrika (Brüssel)
   86
Koninklijk Museum voor
   Schone Kunsten (KMSKA,
   Antwerpen) 52, 101
Korenlei (Gent) 8, 64, 109,
   111
Krankenhäuser 118, 119
Kredit- & Debitkarten 119,
   120
Kruispoort (Brügge) 95
Kruisvest (Brügge) 95
Kunstgalerien *siehe* Museen
*Kunstkammer des Cornelis
   van der Geest, Die*
   (Rubens) 34
Kunstsammlungen *siehe*
   Museen

L

L'inhumation précipitée,
   (Wiertz) 85
La Maison Cauchie (Brüssel)
   48
La Ronde des Heures
   (Wolfers) 22
Lambeaux, Jef 84, 101
Landhuis van het Brugse
   Vrije (Brügge) 29
Lassus, Roland de 59
Le Botanique (Brüssel)
   59
Le Cygne (Brüssel) 14
Le Falstaff (Brüssel) 49
Le Renard (Brüssel) 14
Léopold I., König 41
Léopold II., König 41, 51, 84,
   85
Léopold von Belgien, Prinz
   42

Les Halles de Schaerbeek (Brüssel) 58
Leuven 68
Lier 68f
Ludwig, Herzog von Flandern 40
Ludwig XIV., König von Frankreich 15

M
Maagdenhuismuseum (Antwerpen) 103, 104
Madonna des Kanonikus Georg van der Paele (van Eyck) 31, 44
Maeterlinck, Maurice 59
Magritte, René 12, 45, 52, 84
　Musée Magritte (Brüssel) 19, 52
　Musée René Magritte (Brüssel) 86
Maison Autrique (Brüssel) 54, 86
Maison d'Érasme (Brüssel) 55, 86
Maison Dandoy (Brüssel) 17
Maison des Boulangers (Brüssel) 15
Maison des Brasseurs (Brüssel) 14
Maison des Ducs de Brabant (Brüssel) 15
Maison du Peuple (Brüssel) 22
Maison du Roi (Brüssel) 15
Maler 44f
Manneken Pis (Brüssel) 16, 64, 75
Manneken-Pis-Kleiderkammer (Brüssel) 56
Margarete von York 31
Maria von Burgund 92
Markt (Brügge) 7, 91, 93
Martyrium des heiligen Hippolyt (Bouts/van der Goes) 31
Marx, Karl 14
Maximilian, König 31
Mayer van den Bergh, Fritz 102f
Mechelen 68
Medizinische Versorgung 118f
Memling, Hans 18, 44
　Die Anbetung der Könige 30
　Sint-Janshospitaal (Brügge) 53, 92
　Triptychon der hl. Johannes der Täufer und Johannes der Evangelist 31
　Ursula-Legende 30
Mercator, Gerard 42
Merckx, Eddie 43

Meunier, Constantin 45
　Musée Meunier (Brüssel) 52, 85
Michelangelo 46
　Madonna mit Kind 53, 92
Middelheimmuseum (Antwerpen) 55, 104
Minne, George
　Brunnen der kniendenJünglinge 53
Minnewater (Brügge) 55, 93f
Mobiltelefone 120
Mode
　Manneken-Pis-Kleiderkammer (Brüssel) 56
　ModeMuseum (MoMu, Antwerpen) 104
　Musée du Costume et de la Dentelle (Brüssel) 16, 76
　Shopping 60f
ModeMuseum (MoMu, Antwerpen) 104
Moreel, Willem
　Triptychon des Willem Moreel 31
Mucha, Alphonse 18
Musée Fin-de-Siècle (Brüssel) 18, 19
Musée Oldmasters (Brüssel) 18
Museen 50f, 52f
　Arentshuis (Brügge) 92
　Art & Design Atomium Museum (ADAM; Brüssel) 82
　Béguinage d'Anderlecht (Brüssel) 55, 86
　BELvue Museum (Brüssel) 76
　Centre Belge de la Bande Dessinée 7, 12, **26f**, 48, 56, 74
　Design Museum Gent (Gent) 8, 51, 111
　Diamantmuseum (Brügge) 94
　FotoMuseum Provincie Antwerpen (FoMU, Antwerpen) 9, 104
　Frietmuseum (Brügge) 7, 93, 94
　Gezellemuseum (Brügge) 95
　Groeningemuseum (Brügge) 7, 53, 91
　Gruuthusemuseum (Brügge) 50, 93
　Historium (Brügge) 57
　Huis van Alijn (Gent) 8, 51, 57, 110
　Kantcentrum (Brügge) 7, 95
　Koninklijk Museum voor Schone Kunsten (KMSKA, Antwerpen) 52, 101

Kostenlose Attraktionen 64, 65
Librarium (Brüssel) 54
Maagdenhuismuseum (Antwerpen) 103, 104
Maison de l'histoire européenne (Brüssel) 84f
Maison d'Érasme (Brüssel) 55, 86
Manneken-Pis-Kleiderkammer (Brüssel) 56
Middelheimmuseum (Antwerpen) 55, 104
ModeMuseum (MoMu, Antwerpen) 104
Musée Charlier (Brüssel) 50, 74
Musée d'Ixelles (Brüssel) 52, 84, 85
Musée de Jouet (Brüssel) 56, 76
Musée de la Ville de Bruxelles (Brüssel) 15
Musée des Enfants (Brüssel) 57
Musée des Instruments de Musique (Brüssel) 6, 12, **20f**, 49, 50, 57, 73, 75
Musée de Costume et de la Dentelle (Brüssel) 16, 76
Musée du Tram (Brüssel) 86
Musée Fin-de-Siècle (Brüssel) 18, 19
Musée Horta (Brüssel) 7, 12, **22f**, 48, 51, 83, 85
Musée Magritte (Brüssel) 19, 52
Musée Meunier (Brüssel) 52, 85
Musée Oldmasters (Brüssel) 18
Musée René Magritte (Brüssel) 86
Musée Royal de l'Armée et d'Histoire Militaire (Brüssel) 51, 64
Musée Wiertz (Brüssel) 85
Musées royaux des Beaux-Arts (Brüssel) 6, 12, **18f**, 50, 52, 73, 75
Museum Aan de Stroom (MAS, Antwerpen) 9, 49, 50, 102
Muséum de Sciences Naturelles (Brüssel) 57, 86
Museum Mayer van den Bergh (Antwerpen) 9, 102f
Museum Plantin-Moretus (Antwerpen) 9, 51, 102
Museum van Hedendaagse Kunst (M HKA, Antwerpen) 9, 53, 104

Museum Vleeshuis (Antwerpen) 9, 102, 103
Museum voor Schone Kunsten (MSK, Gent) 8, 52, 111
Onze-Lieve-Vrouw ter Potterie (Brügge) 95
Red Star Line Museum (Antwerpen) 104
Rockoxhuis (Antwerpen) 103
Rubenshuis (Antwerpen) 9, 13, **34f**, 101, 103
Sint-Janshospitaal (Brügge) 53, 92
STAM (Gent) 8, 110
Stedelijk Museum voor Actuele Kunst (SMAK, Gent) 8, 53, 111
Train World (Brüssel) 83
Van Buuren Museum (Brüssel) 52, 54, 83
Volkskundemuseum (Brügge) 7, 50, 95
Musik
Festivals 66f
Musée des Instruments de Musique (Brüssel) 6, 12, **20f**, 49, 50, 57, 73, 75
Musiker 59
Theater, Tanz & Musik 58f
Muur der Doodgeschotenen (Brügge) 55

N
Nachtleben
Antwerpen 107
Brüssel 79
Namur 68
Napoléon I, Kaiser 40, 69
Neugotik 47
Nikolaus, hl., Bischof von Myra 17, 67, 109
Nordseite (Brügge) 29
Noten, Dries van 43
Notfälle 118, 119
Nothomb, Amélie 59

O
Océade (Brüssel) 57
Öffentlicher Nahverkehr 117
Ölmalerei 37
Ommegang (Brüssel) 67
Onze-Lieve-Vrouw ter Potterie (Brügge) 95
Onze-Lieve-Vrouwekathedraal (Antwerpen) 47, 101
Onze-Lieve-Vrouwekerk (Brügge) 7, 46, 92, 93
Oostende (Ostende) 69
Oper 58, 59
Ortsvorwahl 120
Oude Civiele Griffie (Brügge) 29

P
Palais Coudenberg (Brüssel) 74
Palais de Charles de Lorraine (Brüssel) 76
Palais de Justice (Brüssel) 49, 65, 76
Palais des Beaux-Arts (BOZAR, Brüssel) 58
Palais Royal (Brüssel) 75, 76
Palais Stoclet (Brüssel) 49
Panamarenko 45
Parks & öffentliche Plätze 55
Citadelpark (Gent) 55
Étangs d'Ixelles (Brüssel) 55
Forêt de Soignes (Brüssel) 55, 68
Koningin Astridpark (Brügge) 55
Middelheimmuseum (Antwerpen) 55
Minnewater (Brügge) 55
Nordseite (Brügge) 29
Parc de Bruxelles (Brüssel) 55, 75
Parc du Cinquantenaire (Brüssel) 57, 84, 85
Parc d'Egmont (Brüssel) 55
Place du Petit Sablon (Brüssel) 55, 73
Serres Royales de Laeken (Brüssel) 49, 86
Stadspark (Antwerpen) 55
Pass 119
Patershol (Gent) 8, 54
Patisserien 60, 61
Pavillon Chinois (Brüssel) 49
Pensionen siehe Bed & Breakfast
Pentagon (Brüssel) 75
Permeke, Constant 45
Personalausweis 119
Persönliche Sicherheit 118f
Peyo 26, 42
Pferderennen 67
Philipp der Gute, Herzog von Burgund 31, 40, 41
Philipp der Kühne, Herzog von Burgund 40, 41
Philipp der Schöne, Herzog von Burgund 32
Philipp II., König von Spanien 40
Place des Martyrs (Brüssel) 7, 76
Place du Petit Sablon (Brüssel) 55, 73
Place Saint-Géry (Brüssel) 16f
Planten van de Meiboom (Brüssel) 66
Plantin, Christoph 102
Poelaert, Joseph 49, 75

Polizei 118, 119
Poortere, Pieter De 26
Porte de Hall (Brüssel) 76
Postdienste 120
Praalstoet van de Gouden Boom (Brügge) 67
Preiswert reisen
Die Region für wenig Geld 65
Hotels 65, 126, 129
Proosdij (Brügge) 29

R
Red Star Line Museum (Antwerpen) 104
Reiefeest (Brügge) 66
Reinhardt, Django 59
Reise-Infos 65, 116f
Reise- & Sicherheitshinweise 118
Renaissance 47
Renaissancezaal van het Brugse Vrije (Brügge) 28
Restaurants 122f
Antwerpen 106
Bier 60f
Brügge 98f
Brüssel 80f, 87
Gent 113
Preiswert reisen 65
siehe auch Cafés
Rockox, Nicholas 103
Rodin, Auguste
Der Denker 53
Romanik 47
Römer 40
Römische Verträge (1957) 41
Rubens, Peter Paul 12, 101
Kathedrale von Antwerpen 32
Kreuzabnahme 53
Kreuzaufrichtung 53
Kunstkammer des Cornelis van der Geest, Die 34
Musées royaux des Beaux-Arts (Brüssel) 18, 19
Onze-Lieve-Vrouwekathedraal (Antwerpen) 47
Rockoxhuis (Antwerpen) 103
Rubens und Hélène Fourment im Garten 44
Rubenshuis (Antwerpen) 9, 13, **34f**, 101, 103
Sint-Carolus Borromeuskerk (Antwerpen) 104
Sint-Jacobskerk (Antwerpen) 47, 103
Ruckers, Familie 21, 102
Rue des Bouchers (Brüssel) 16
Rundreisen 121

S

Sablon (Brüssel) 73
Saint-Cyr 48
Sax, Adolphe 20, 43
Schelde (Fluss) 102
Schelde-Gotik 47
Schoenaerts, Matthias 43
Schokolade
 Choco-Story (Brügge) 7,
  94
 Choco-Story (Brüssel) 57
 Shopping 60, 61
Schriftsteller 59
Schut, Cornelis 33
Schuttersgilde Sint-
 Sebastiaan (Brügge) 95
Secret-Reflet (Khnopff) 31
Senne (Fluss) 17
Serres Royales de Laeken
 (Brüssel) 49, 86
Shopping 62f, 122
 Antwerpen 105
 Brügge 96
 Brüssel 77
 Gent 112
Sicherheit, persönliche 118f
Simenon, Georges 42, 59
Sint-Anna (Brügge) 95
Sint-Annakerk (Brügge) 7,
 95
Sint-Baafskathedraal (Gent)
 36, 47, 109, 111
Sint-Carolus
 Borromeuskerk
 (Antwerpen) 103, 104
Sint-Jacobskerk
 (Antwerpen) 46f, 103
Sint-Jakobskerk (Brügge)
 94
Sint-Janshospitaal (Brügge)
 7, 13, **30f**, 53, 92
Sint-Niklaaskerk (Gent) 47,
 109, 111
Sint-Pauluskerk
 (Antwerpen) 9, 104
Sint-Salvatorskathedraal
 (Brügge) 46, 94
Sint-Walburgakerk (Brügge)
 7, 94
Snijders, Frans 103
Snijders-Rockoxhuis
 (Antwerpen) 103
Solvay, Ernest 49
Spaak, Paul-Henri 41
Spaziergänge
 Antwerpen 103
 Brügge 65, 93
 Brüssel 75, 85
 Gent 111
Spilliaert, Léon 19, 45, 52,
 84
Spitzenklöppelei
 Kantcentrum (Brügge) 7,
 95

Musée du Costume et de
 la Dentelle (Brüssel) 16, 76
 Shopping 61
Sportevents 67
Sprachen 118
 Sprachführer 140–143
Sprachführer
 Flämisch 142f
 Französisch 140f
Stadhuis (Brügge) 29
Stadhuis (Gent) 109
Stadsbrouwerij De Koninck
 (Antwerpen) 104
Stadspark (Antwerpen) 55
Stadtführungen 121
STAM (Gent) 8, 110
Stars & Legenden 42f
Statuen
 Charles Buls 17
 Everard 't Serclaes 15
 Manneken Pis 16, 64, 75
Stedelijk Museum voor
 Actuele Kunst (SMAK,
 Gent) 8, 53, 111
Steenhouwersdijk (Brügge)
 70f, 91, 93
Strom 120

T

Tanz, Theater & Musik 58f
Tapis de Fleurs (Brüssel)
 15
Taxis 117
Telefonieren 120
Theater, Tanz & Musik 58f
Théâtre Royal de la Monnaie
 (Brüssel) 58
Théâtre Royal de Toone
 (Brüssel) 58
Themenparks
 Belfort (Brügge) 56f
 Boudewijn Seapark
 (Brügge) 57
 Bruparck (Brüssel) 56
 Walibi Belgium 57, 68
Tim & Struppi 12, 26, 27, 42,
 61, 74
Tintin *siehe* Tim & Struppi
Tour Japonaise (Brüssel)
 49
Toussaint 67
Trams 117
 Brüssel 56
 Musée du Tram (Brüssel)
 86
*Triptychon der hl. Johannes
 der Täufer und Johannes
 der Evangelist* (Memling)
 31
Tuymans, Luc 45

U

UNESCO-Welterbe 110
Unterhaltung 58f

Ursula-Legende (Memling)
 30
Ursula-Legende (van Eyck)
 30
Urteil des Cambyses, Das
 (David) 31

V

Van Buuren Museum
 (Brüssel) 52, 54, 83
Van Damme, Jean-Claude
 43
Van Dyck, Anton 12, 18, 45
Velde, Henry van de 43
Verbruggen, Hendrik 53,
 103
Verdun, Vertrag von (843) 40
Verhaeren, Émile 59
Versicherung 118
Vesalius, Andreas 43
Vier Kirchenlehrer (Jordaens)
 45
Villeroy, Marschall de 15
Vlaamse Opera (Antwerpen)
 59
Vlaamse Opera (Gent) 59
Volkskundemuseum
 (Brügge) 7, 50, 95
Vriendt, Albrecht de 33
 Die Geschichte Brügges 53
Vriendt, Julien de 53

W

Walibi Belgium 57, 68
Waterloo, Schlacht von
 (1815) 40, 57, 69
Weltausstellung (1958) 49,
 82
Weyden, Rogier van der 18,
 44, 111
Wiertz, Antoine
 L'inhumation précipitée 85
 Musée Wiertz (Brüssel)
 85
Windmühlen
 Brügge 95
Wolfers, Philippe
 La Ronde des Heures 22
Wouters, Rik 45, 74, 84

Y

Ypres (Ieper) 69

Z

Zahnärzte 119
Zeitungen, Zeitschriften &
 TV 120
Zeitzone 120
Zoll 118
Zoo, Antwerpen 56
Zugreisen 116, 117
 Preiswert reisen 65
 Train World (Brüssel) 83
Zweiter Weltkrieg 41

Impressum & Bildnachweis

Autor

Antony Mason ist Autor vieler Reiseführer, etwa der Cadogan City Guides über Brügge und über Brüssel (mit Brügge, Gent und Antwerpen). Darüber hinaus verfasste er *The Belgians* in der humorvollen Reihe der Xenophobe's Guides und über 50 weitere Bücher über Geschichte, Geografie, Entdeckungen und Kunst. Antony Mason lebt mit seiner belgischen Frau Myriam und seinem Sohn Lawrence in London.

DK London

Lektorat

Georgina Dee, Vivien Antwi, Michelle Crane, Hayley Maher, Freddie Marriage, Scarlett O'Hara, Aakanksha Singh, Jackie Staddon, Hollie Teague, Hilary Bird, Dan Colwell

Gestaltung und Bildredaktion

Phil Ormerod, Richard Czapnik, Marisa Renzullo, Richa Verma, Jason Little, George Nimmo, Susie Peachey, Ellen Root, Lucy Sienkowska, Oran Tarjan

Kartografie

Casper Morris, Suresh Kumar, Dominic Beddow, Simonetta Giori, Zafar-ul Islam Khan

Fotos

Demetrio Carrasco, Rough Guides/Jean-Christophe Godet

Illustrationen

chrisorr.com

Herstellung

Niamh Tierney

Bildnachweis

o = oben; u = unten; m = Mitte; l = links; r = rechts

DK bedankt sich bei folgenden Personen, Institutionen und Bildarchiven für die freundliche Erlaubnis, ihre Fotografien zu reproduzieren:

123RF.com Nattee Chalermtiragool 14mlo; Ievgenii Fesenko 102ol; Botond Horváth 12or

4Corners Richard Taylor 4ml

akg-images Erich Lessing 17ur

Alamy Stock Photo Alko 60mo; Alpineguide 51ol; Arterra Picture Library/De Meester Johan 61mlo; © www.atomium.be SABAM Belgium 2016/Prisma Bildagentur AG/Raga Jose Fuste 83ol; Bildagentur-online/McPhoto-Weber 54mru; Peter Cavanagh 58ol; Clement Philippe/Arterra Picture Library 93ml; Gary Cook 28ur, 95u; dpa picture alliance 63or; Sergey Dzyuba 68u; © Hergé-Moulinsart/Neil Farrin 12ur; Garden Photo World/David C. Phillips 74ml, 77ml; Kevin George 55ol, 76u; Hemis/Ludovic Maisant 48ol, 106ul,/Maurizio Borgese 23ml; © Hergé-Moulinsart/Jochen Tack 56um; © Hergé-Moulinsart/Maurice Savage 63mlu; Heritage Image Partnership Ltd/Fine Art Images 41mru; Peter Horree 58mu, 112mlu; ilpomusto 12ul; imageBROKER 52ul; imageBROKER/KFS 35ml; Eric James 15um; Oliver Knight 48ur, 78mlo; Douglas Lander 7mr; Peter Lane 96mlo; New Horizons 15mlo; Bombaert Patrick 53or; Pictorial Press 59or; PjrTravel 14ul, 16ul, 46ur, 105mru; Prisma Bildagentur AG/Raga Jose Fuste 68ol; Jürgen Ritterbach 86ml; Maurice Savage 12m; Travel Pictures 4u, 59ml; travelpix 78ur; Terence Waeland 44ul; Westend61 GmbH/Werner Dieterich 49ml; World History Archive 8ur

Antwerpen Zoo Jonas Verhulst 56o

Archiduc Nathalie Du Four 79ol

Archives du Musée Horta, Saint-Gilles, Brüssel Paul Louis 22mo, 22mru, 22ul, 23ol, 23um

Belga Queen 113ul

Bistro Christophe 99ml

Bridgeman Images Patrick Lorette 41mlo; Lukas – Art in Flanders VZW 30mlo, 30mru, 30ur

Café d'Anvers 107mro

Centre Belge de la Bande Dessinée 74o; Daniel Fouss 4mlo, 26ml, 26–27m, 27ur, 27ol

Corbis adoc-photos 40u; Christie's Images 42um, 45ol; The Gallery Collection 44mru, 52o; Leemage 40m; Loop Images/Anna Stowe 105ol; Francis G. Mayer 44ol; Sutton Images/ Phipps 43or; Sygma/Jacques Pavlovsky 42o

© DACS 2016 BI, ADAGP, Paris 19o

De Groote Witte Arrend 106or

Design Museum Gent Phile Deprez 111ml

Dreamstime.com Alessandro0770 4mru; Amzphoto 16mr; Leonid Andronov 75ul; Bombaert 4mlu, 62ol; Gunold Brunbauer 50ul; Nicolas De Corte 60u; Sergey Dzyuba 4o, 55ur; Ekrystia 96ur; Emicristea 1, 35o, 64u, 82ol, 88–89, 91mru, 109ur; Europhotos 2ol, 10–11, 73or; Freesurf69 101ol; Florelena 66ol; Roberto Atencia Gutierrez 94mlu; Valentin Jucov 98or; Sergii Koval 80ur; Aija Lehtonen 67ml; Mikhail Markovskiy 9o; Mchudo 6ul; Martin Molcan 13or; Monkey Business Images 62ur; Neirfy 92ul; Olgacov 3ol, 70–71,

91o; Francisco Javier Gil Oreja 17or; Parys 46o; Photogolfer 24 – 25, 109ol; Photowitch 92mro; Miroslav Pinkava 69ml; Ppy2010ha 61ur; Dmitry Rukhlenko 28 – 27; Jozef Sedmak 34ml, 34ul, 34 – 35, 47or; Olena Serditova 57ml; Siraanamwong 13ul; Suttipon 65or; Tacna 73ur; Trazvan 94m; Tupungato 65ml; Wavybxl 77or

L'Ecailler du Palais Royal 80mlo

Getty Images ©Association des Architectes du CIC: Vanden Bossche sprl, CRV s.A., CDG sprl, Studiegroep D. Bontinck, Foto von Photonostop RM/Tibor Bognar 84ur; LatinContent/Jorge Luis Alvarez Pupo 67ur; Sylvain Sonne 3or, 114 – 115

Groot Vleeshuis 112or

Historium Brügge 97o

Huis van Alijn 110o

Huisbrouwerij De Halve Maan 2or, 38 – 39

Klarafestival Sander Buyck 66u

L'Ultime Atome 87ul

Maagdenhuismuseum 104um; Binnenkoer 64or

Musée d'Ixelles 84mlo

Musée des Instruments de Musique 12ml, 20mr, 21; Liesbeth Bonner 20ur; Milo-Profi/ Arthur Los 20mlu

Musée des Sciences Naturelles, Brüssel Th. Hubin 86or

Patrick Devos 98ul

Rex by Shutterstock 4mro, 28mlu, Colorsport 43mlu

Robert Harding Picture Library Tibor Bognar 13ur; Heinz-Dieter Falkenstein 47ml; Marc De Ganck 57ur; Gunter Kirsch 29ol; Martin Moxter 7ol; Peter Richardson 8ol; Phil Robinson 103ml; Riccardo Sala 109m.

Musées royaux des Beaux-Arts, Brüssel © DACS 2016 18 – 19; Johan Geleyns 18ml, 18u, 19mu, 73mlu, 85ml

Photo Scala, Florenz BI, ADAGP, Paris/ © DACS 2016 19o

Sips Cocktails 107mlu

Stad Antwerpen MAS/Filip Dujardin 49or; Museum Ann de Stroom/Hugo Maertens 50mru; Museum Ann de Stroom 100ol; Museum Mayer van den Bergh 102ur; Rubenshuis 36or, 36ml, 36 – 37, 101mru/ Bart Huysmans 37mru/Michel Wuyts 36ur; Michel Wuyts 104o

STAM 110ur

SuperStock age fotostock/Sara Janini 9mr; Christie's Images Ltd 45ur; DeAgostini 31ur; 33m; Fine Art Images 31ml; Iberfoto 13m, 32, 33ol, 33ml, 33ul

La Taverne du Passage Dominique Rodenbach 81mr

Van Buuren Museum 83mru

Umschlag

Vorderseite & Buchrücken:
Dreamstime.com Tomas1111.
Rückseite: **Alamy Stock Photo** Nattee Chalermtiragool.

Extrakarte

Dreamstime.com Tomas1111.

Alle anderen Bilder: © Dorling Kindersley. Weitere Informationen unter
www.dkimages.com

Impressum

Titel der englischen Originalausgabe
DK Eyewitness Top 10 Brussels, Bruges, Antwerp and Ghent
© Dorling Kindersley Limited, London, 2004, 2019
Ein Unternehmen der
Penguin Random House Group
Alle Rechte vorbehalten

Text © Antony Mason

© der deutschsprachigen Ausgabe by Dorling Kindersley Verlag GmbH, München, 2004, 2021
Ein Unternehmen der
Penguin Random House Group
Alle deutschsprachigen Rechte vorbehalten

Aktualisierte Neuauflage 2021/2022

Programmleitung Monika Schlitzer, DK Verlag
Redaktionsleitung Stefanie Franz, DK Verlag
Redaktion Gerhard Bruschke, München
Schlussredaktion Birgit Annecke-Patsch, Unterschleißheim

Satz & Produktion DK Verlag

Druck RR Donnelley Asia Printing Solutions Ltd., China

ISBN 978-3-7342-0631-3
7 8 9 10 24 23 22 21

www.dk-verlag.de

Sprachführer Französisch

Notfälle

Hilfe!	**Au secours!**
Halt!	**Arrêtez!**
Rufen Sie einen Arzt!	**Appelez un médecin!**
Rufen Sie die Polizei!	**Appelez la police!**
Rufen Sie die Feuerwehr!	**Appelez les pompiers!**
Wo ist das nächste Telefon?	**Où est le téléphone le plus proche?**

Grundwortschatz

Ja/nein	**oui/non**
Bitte	**s'il vous plaît**
Danke	**merci**
Verzeihen Sie.	**Excusez-moi.**
Guten Tag.	**Bonjour.**
Auf Wiedersehen.	**Au revoir.**
Guten Abend.	**Bon soir.**
Morgen	**le matin**
Nachmittag	**l'après-midi**
Abend	**le soir**
gestern	**hier**
heute	**aujourd'hui**
morgen	**demain**
hier	**ici**
dort	**là-bas**
Was?	**Quel/quelle?**
Wann?	**Quand?**
Warum?	**Pourquoi?**
groß	**grand**
klein	**petit**
heiß	**chaud**
kalt	**froid**
gut	**bon (bien)**
schlecht	**mauvais**
nahe	**près**
geradeaus	**tout droit**

Nützliche Redewendungen

Wie geht es Ihnen?	**Comment allez-vous?**
Sehr gut, danke.	**Très bien, merci.**
Wie geht's?	**Comment ça va?**
Bis bald.	**À bientôt.**
Es geht mir gut.	**Ça va bien.**
Wo ist/sind …?	**Où est/sont …?**
In welcher Richtung liegt …?	**Quelle est la direction pour …?**
Sprechen Sie Deutsch/Englisch?	**Parlez-vous allemand/anglais?**
Ich verstehe nicht.	**Je ne comprends pas.**
Entschuldigung.	**Excusez-moi.**

Shopping

Wie viel kostet das?	**C'est combien?**
Ich hätte gern …	**Je voudrais …**
Haben Sie …?	**Est-ce que vous avez …?**
Nehmen Sie Kreditkarten?	**Est-ce que vous acceptez les cartes de crédit?**
Wann öffnen/schließen Sie?	**A quelle heure vous êtes ouvert/fermé?**

(Farben)

teuer	**cher**
preiswert	**bon marché**
Größe (Kleidung)	**la taille**
weiß	**blanc**
schwarz	**noir**
rot	**rouge**
gelb	**jaune**
grün	**vert**
blau	**bleu**

Läden & Märkte

Apotheke	**la pharmacie**
Bäckerei	**la boulangerie**
Bank	**la banque**
Buchladen	**la librairie**
Fischladen	**la poissonerie**
Fleischwarenladen	**la charcuterie**
Friseur	**le coiffeur**
Gemüsehändler	**le marchand de légumes**
Kaufhaus	**le grand magasin**
Konditorei	**la pâtisserie**
Laden	**le magasin**
Markt	**le marché**
Metzgerei	**la boucherie**
Pommes-frites-Stand	**la friterie**
Postamt	**le bureau de poste**
Reisebüro	**l'agence de voyage**
Schokoladengeschäft	**le chocolatier**
Supermarkt	**le supermarché**
Zeitungsladen/Tabakwarenladen	**le magasin de journaux/tabac**

Sightseeing

An Feiertagen geschlossen	**fermeture jour ferié**
Bahnhof	**la gare (SNCB)**
Bibliothek	**la bibliothèque**
Bushaltestelle	**la gare routière**
Garten(-anlage)	**le jardin**
Kathedrale	**la cathédrale**
Kirche	**l'église**
Museum	**le musée**
Touristeninformation der Stadt	**les informations l'hôtel de ville**
Zug	**le train**

Im Hotel

Haben Sie ein freies Zimmer?	**Est-ce que vous avez une chambre?**
Doppelzimmer	**la chambre à deux personnes**
Zimmer mit Doppelbett	**la chambre avec un grand lit**
Zimmer mit zwei Betten	**la chambre à deux lits**
Einzelzimmer	**la chambre à une personne**
Zimmer mit Bad	**la chambre avec salle de bain**
Dusche	**la douche**
Ich habe reserviert.	**J'ai fait une réservation.**

Im Restaurant

Haben Sie einen freien Tisch?	**Avez-vous une table libre?**
Ich möchte einen Tisch reservieren.	**Je voudrais réserver une table.**
Die Rechnung bitte!	**L'addition, s'il vous plait!**
Ich bin Vegetarier/in.	**Je suis végétarien/ne.**
Kellner	**Garçon**
Kellnerin	**Mademoiselle**
Speisekarte	**le menu**
Weinkarte	**la carte des vins**
Glas	**le verre**
Flasche	**la bouteille**
Messer	**le couteau**
Gabel	**la fourchette**
Löffel	**la cuillère**
Frühstück	**le petit déjeuner**
Mittagessen	**le déjeuner**
Abendessen	**le dîner**
Hauptgericht	**le grand plat**
Vorspeise	**l'hors d'œuvres**
Nachspeise	**le dessert**
Tagesgericht	**le plat du jour**
Bar	**le bar**
Café	**le café**
blutig	**saignant**
medium	**à point**
durchgebraten	**bien cuit**

Auf der Speisekarte

agneau	Lamm
ail	Knoblauch
artichaut	Artischocke
asperges	Spargel
bière	Bier
bœuf	Rindfleisch
brochet	Hecht
café	Kaffee
café au lait	Milchkaffee
canard	Ente
cerf/chevreuil	Wild
chocolat chaud	heiße Schokolade
choux de bruxelles	Rosenkohl
crêpe	Crêpe, Pfannkuchen
crevette	Garnele
dorade	Goldbrasse/Dorade
épinard	Spinat
faisan	Fasan
frites	Pommes frites
fruits	Obst
gauffre	Waffel
haricots	Bohnen
haricots verts	grüne Bohnen
huitre	Auster
jus d'orange	Orangensaft
l'eau	Wasser
l'eau minérale	Mineralwasser
le vin	Wein
légumes	Gemüse
limonade	Limonade
lotte	Seeteufel/Lotte
moule	Muschel
poisson	Fisch
pommes de terre	Kartoffeln
porc	Schweinefleisch
poulet	Hühnchen
saumon	Lachs
thé	Tee
thon	Thunfisch
truffe	Trüffel
truite	Forelle
veau	Kalbfleisch
viande	Fleisch
vin blanc	Weißwein
vin de maison	Hauswein
vin rouge	Rotwein

Zahlen

0	**zéro**
1	**un/une**
2	**deux**
3	**trois**
4	**quatre**
5	**cinq**
6	**six**
7	**sept**
8	**huit**
9	**neuf**
10	**dix**
11	**onze**
12	**douze**
13	**treize**
14	**quatorze**
15	**quinze**
16	**seize**
17	**dix-sept**
18	**dix-huit**
19	**dix-neuf**
20	**vingt**
21	**vingt-et-un**
30	**trente**
40	**quarante**
50	**cinquante**
60	**soixante**
70	**septante**
80	**quatre-vingt**
90	**quatre-vingt-dix/ nonante**
100	**cent**
1000	**mille**
1 000 000	**million**

Zeit

Wie viel Uhr ist es?	**Quelle heure est-il?**
eine Minute	**une minute**
eine Stunde	**une heure**
eine halbe Stunde	**une demi-heure**
halb zwei Uhr	**une heure et demi**
ein Tag	**un jour**
eine Woche	**une semaine**
ein Monat	**un mois**
ein Jahr	**une année**
Montag	**lundi**
Dienstag	**mardi**
Mittwoch	**mercredi**
Donnerstag	**jeudi**
Freitag	**vendredi**
Samstag	**samedi**
Sonntag	**dimanche**

Sprachführer Flämisch

Notfälle

Hilfe!	Help!
Halt!	Stop!
Rufen Sie einen Arzt!	Haal een dokter!
Rufen Sie die Polizei!	Roep de politie!
Rufen Sie die Feuerwehr!	Roep de brandweer!
Wo ist das nächste Telefon?	Waar is een telefoon?
Wo ist das nächste Krankenhaus?	Waar is een ziekenhuis?

Grundwortschatz

Ja	ja
Nein	nee
Bitte.	Alstublieft.
Danke.	Dank u.
Verzeihen Sie.	Pardon.
Guten Morgen.	Goede morgen.
Auf Wiedersehen.	Tot ziens.
Gute Nacht.	Slaap lekker.
Morgen	morgen
Nachmittag	middag
Abend	avond
gestern	gisteren
heute	vandaag
morgen	morgen
hier	hier
dort	daar
Was?	Wat?
Wann?	Wanneer?
Warum?	Waarom?
Wo?	Waar?
Wie?	Hoe?
groß	groot
klein	klein
heiß	warm
kalt	koud
gut	goed
schlecht	slecht
genug	genoeg
nahe	dichtbij
geradeaus	rechtdoor
offen	open
geschlossen	gesloten

Nützliche Redewendungen

Wie geht es Ihnen?	Hoe gaat het ermee?
Sehr gut, danke.	Heel goed, dank u.
Wie geht's?	Hoe maakt u het?
Gut!	Prima.
Wo ist/sind ...?	Waar is/zijn ...?
Wie weit ist es nach ...?	Hoe ver is het naar ...?
Wie komme ich nach ...?	Hoe kom ik naar ...?
Sprechen Sie Englisch?	Spreekt u Engels?
Sprechen Sie Deutsch?	Spreekt u Duits?
Ich verstehe Sie nicht.	Ik snap het niet.
Entschuldigung.	Sorry.

Shopping

Ich schaue nur.	Ik kijk alleen even.
Wie viel kostet das?	Hoeveel kost dit?

Wann öffnen Sie?	Hoe laat gaat u open?
Wann schließen Sie?	Hoe laat gaat u dicht?
Ich hätte gern ...	Ik wil graag ...
Haben Sie ...?	Heeft u ...?
Nehmen Sie Kreditkarten?	Neemt u credit cards aan?
dieses dort	deze
jenes dort	die
teuer	duur
preiswert	goedkoop
Größe (Kleidung)	maat
weiß	wit
schwarz	zwart
rot	rood
gelb	geel
grün	groen
blau	blauw

Läden & Märkte

Antiquitätenladen	antiekwinkel
Apotheke	apotheek
Bäckerei	bakkerij
Bank	bank
Buchladen	boekwinkel
Feinkostladen	delicatessen
Fischladen	viswinkel
Friseur	kapper
Gemüsehändler	groenteboer
Kaufhaus	warenhuis
Konditorei	banketbakkerij
Markt	markt
Metzgerei	slagerij
Pommes-frites-Stand	patatzaak
Postamt	postkantoor
Supermarkt	supermarkt
Tabakladen	sigarenwinkel
Zeitungsladen	krantenwinkel

Sightseeing

An Feiertagen geschlossen	op feestdagen gesloten
Bahnhof	station
Bibliothek	biblioteek
Busfahrkarte	kaartje
Bushaltestelle	busstation
Einzelfahrt	enkeltje
Garten, Park	tuin
Kathedrale	kathedraal
Kirche	kerk
Museum	museum
Rathaus	stadhuis
Rückfahrkarte	retourtje
Tagesrückfahrkarte	dagretour
Touristeninformation	dienst voor toerisme
Zug	trein

Im Hotel

Haben Sie ein freies Zimmer?	Zijn er nog kamers vrij?
Doppelzimmer mit Doppelbett	een twees persoons-kamer met een twee persoonsbed

Doppelzimmer mit zwei Betten	**een twees persoons-kamer met een lits-jumeaux**
Einzelzimmer	**eenpersoons-kamer**
Zimmer mit Bad	**kamer met bad**
Zimmer mit Dusche	**kamer met douche**
Ich habe reserviert	**Ik heb gereserveerd.**

Im Restaurant

Haben Sie einen freien Tisch?	**Is er een tafel vrij?**
Ich möchte einen Tisch reservieren.	**Ik wil een tafel reserveren.**
Die Rechnung bitte!	**Mag ik afrekenen!**
Ich bin Vegetarier.	**Ik ben vegetariër.**
Kellner	**serveerster**
Kellnerin	**ober**
Speisekarte	**de kaart**
Weinkarte	**de wijnkaart**
Glas	**het glass**
Flasche	**de fles**
Messer	**het mes**
Gabel	**de vork**
Löffel	**de lepel**
Frühstück	**het ontbijt**
Mittagessen	**de lunch**
Abendessen	**het diner**
Hauptgang	**het hoofdgerecht**
Vorspeise	**het voorgerecht**
Nachspeise	**het nagerecht**
Tagesgericht	**het dagmenu**
Bar	**het café**
Café	**het eetcafé**
blutig	**rare**
medium	**medium**
durchgebraten	**doorbakken**

Auf der Speisekarte

aardappels	Kartoffeln
asperges	Spargel
bier	Bier
brood	Brot
chocola	heiße Schokolade
eend	Ente
frietjes	Pommes frites
fruit/vruchten	Obst
groenten	Gemüse
haring	Hering
jus d'orange	Orangensaft
kalfsvlees	Kalbfleisch
kip	Hühnchen
knoflook	Knoblauch
koffie	Kaffee
koffie met melk	Kaffee mit Milch
lotte/zeeduivel	Lotte/Seeteufel
mineraalwater	Mineralwasser
mossel	Muschel
oester	Auster
pannekoek	Pfannkuchen
pils, pilsje	Pils
rundvlees	Rindfleisch
snijbonen	Bohnen
snoek	Hecht
spinazie	Spinat
spruitjes	Rosenkohl

thee	Tee
tonijn	Thunfisch
truffel	Trüffel
varkensvlees	Schweinefleisch
verse jus	frisch gepresster Saft
vis	Fisch
vlees	Fleisch
wafel	Waffel
water	Wasser
wijn	Wein
witloof	Chicorée
witte wijn	Weißwein
zalm	Lachs
zeebars	Barsch
zeebrasem	Brasse/Dorade

Zahlen

1	**een**
2	**twee**
3	**drie**
4	**vier**
5	**vijf**
6	**zes**
7	**zeven**
8	**acht**
9	**negen**
10	**tien**
11	**elf**
12	**twaalf**
13	**dertien**
14	**veertien**
15	**vijftien**
16	**zestien**
17	**zeventien**
18	**achtien**
19	**negentien**
20	**twintig**
21	**eenentwintig**
30	**dertig**
40	**veertig**
50	**vijftig**
60	**zestig**
70	**zeventig**
80	**tachtig**
90	**negentig**
100	**honderd**
1000	**duizend**
1 000 000	**miljoen**

Zeit

eine Minute	**een minuut**
eine Stunde	**een uur**
eine halbe Stunde	**een half uur**
halb zwei Uhr	**half twee**
Tag	**een dag**
Woche	**een week**
Monat	**een maand**
Jahr	**een jaar**
Montag	**maandag**
Dienstag	**dinsdag**
Mittwoch	**woensdag**
Donnerstag	**donderdag**
Freitag	**vrijdag**
Samstag	**zaterdag**
Sonntag	**zondag**

Straßenverzeichnis Brüssel

Straße	Ref.
Abattoir, Boulevard de l'	A3
Accolay, Rue d'	B4
Adolphe Max, Boulevard	C1
Alexiens, Rue des	B4
Ambiorix, Square	G3
Anderlecht, Rue d'	A3
Angleterre, Rue d'	A6
Anspach, Boulevard	B3
Antoine Dansaert, Rue	B2
Archimède, Rue	G3
Arenberg, Rue d'	C3
Argent, Rue d'	C2
Arlon, Rue d'	F4
Association, Rue de l'	D2
Astronomie, Avenue de l'	E2
Auderghem, Avenue d'	G4
Auguste Orts, Rue	B2
Banque, Rue de la	D2
Barbès, Quai aux	B2
Barthélémy, Boulevard	A2
Belliard, Rue	E4
Berlaimont, Boulevard de	D2
Beurre, Rue au	C3
Bischoffsheim, Boulevard	E2
Blaes, Rue	B5
Blanchisserie, Rue de la	C1
Blindes, Square des	B1
Bodenbroeck, Rue	C4
Bogards, Rue des	B3
Bois à Brûler, Quai aux	B1
Bosquet, Rue	C6
Bouchers, Rue des	C3
Brederode, Rue	D4
Brigittinnes, Rue des	B4
Briques, Quai aux	B2
Brouckère, Place de	C2
Canal, Rue du	B1
Cardinal Mercier, Rue du	C3
Champ de Mars, Rue du	D5
Chancellerie, Rue de la	D3
Chapeliers, Rue des	C3
Chapelle, Place de la	B4
Charite, Rue de la	E3
Charlemagne, Boulevard	G3
Charleroi, Chaussée de	C6
Charles Martel, Rue	G3
Chartreux, Rue des	C3
Chaux, Quai a la	B1
Cirque, Rue du	C1
Colonies, Rue des	D3
Commune, Rue de la	F1
Congrès, Rue du	E2
Cortenberg, Avenue de	H3
Croix de Fer, Rue de la	D3
Deux Églises, Rue des	E3
Dinant, Place de	B4
Dublin, Rue de	E5
Ducale, Rue	D4
Duquesnoy, Rue	C3
Écuyer, Rue de l'	C2
Émile Jacqmain, Boulevard	C1
Empereur, Boulevard de l'	C4
Épée, Rue de l'	B5
Éperonniers, Rue des	C3
Ernest Allard, Rue	C5
Escalier, Rue de l'	C4
Etterbeek, Chaussée d'	F4
Étuve, Rue de l'	B4
Europe, Boulevard de l'	A5
Évêque, Rue de l'	B2
Fabriques, Rue des	A2
Flandre, Rue de	A1
Fonsny, Avenue	A5
Fontainas, Place	B3
Fossé aux Loups, Rue du	C2
Foulons, Rue des	A4
Fourche, Rue de la	C3
Franklin, Rue	G3
Fripiers, Rue des	C2
Froissart, Rue	G5
Gand, Chaussée de	A1
Général Leman, Rue	G5
Gillon, Rue	E1
Gineste, Rue	D1
Goffart, Rue	E6
Gouvernement Provisoire, Rue du	E2
Grand Cerf, Rue du	C5
Grand Hospice, Rue du	B1
Grand Place	C3
Grand Sablon, Place du	C4
Grand Serment, Rue du	A2
Grétry, Rue	C2
Hainaut, Quai du	A2
Halles, Rue des	B2
Haute, Rue	B4
Henri Jasper, Avenue	B6
Hôpital, Rue de l'	C4
Hôtel des Monnaies, Rue de l'	B6
Hydraulique, Rue	E3
Imperatrice, Blvd de l'	C3
Infante Isabelle, Rue de l'	C3
Ixelles, Chaussée d'	D5
Jamar, Boulevard	A5
Jardin aux Fleurs, Place du	A3
Jardin Botanique, Boulevard du	D1
Jeu de Balle, Place du	B5
John F. Kennedy, Avenue	H4
Joseph II, Rue	F3
Jourdan, Place	G5
Laeken, Rue de	B2
Laines, Rue aux	C5
Lebeau, Rue	C4
Léopold, Rue	C2
Lepage, Rue	B2
Liberté, Place de la	E2
Ligne, Rue de	D2
Limite, Rue de la	E1
Livingstone, Avenue	F3
Locquenghien, Rue	A1
Loi, Rue de la	E3
Lombard, Rue de	B3
Louise, Avenue	C6
Louise, Place	C5
Louvain, Chaussée de	E2
Louvain, Rue de	D3
Loxum, Rue de	C3
Luxembourg, Place du	E5
Madou, Place	E2
Maelbeek, Avenue du	G5
Marais, Rue du	C2
Marché au Charbon, Rue du	B3
Marché aux Herbes, Rue du	C3
Marché aux Poulets, Rue du	B3
Marcq, Rue	B1
Marie-Louise, Square	F3
Martyrs, Place des	C2
Maurice Lemonnier, Boulevard	A4
Méridien, Rue du	E1
Midi, Boulevard du	A4
Midi, Rue du	B3
Minimes, Rue des	C5
Miroir, Rue du	B5
Monnaie, Place de la	C2
Montagne aux Herbes Potagères, Rue	C2
Montagne, Rue de la	C3
Montoyer, Rue	E4
Montserrat, Rue de	B6
Namur, Rue de	D4
Nerviens, Avenue des	H5
Neuve, Rue	C2
Nieuport, Boulevard de	A1
Notre-Dame du Sommeil, Rue	A2
Notre-Seigneur, Rue	B4
Nouveau Marché aux Grains, Rue du	A2
Pachéco, Boulevard	D2
Paix, Rue de la	D6
Palais, Place des	D4
Palmerston, Avenue	F2
Parnasse, Rue du	E5
Pépinière, Rue de la	D4
Petit Sablon, Place du	C4
Petits Carmes, Rue des	C5
Philippe de Champagne, Rue	B4
Pierres, Rue des	B3
Poelaert, Place	C5
Poincaré, Boulevard	A4
Poincon, Rue du	B4
Porte de Hal, Avenue de la	A5
Prince Royal, Rue du	D6
Putterie, Rue des	C3
Quatre Bras, Rue des	C4
Ravenstein, Rue	D4
Régence, Rue de la	C5
Régent, Boulevard du	E4
Renaissance, Avenue de la	H4
Roger Vander, Rue	B4
Roue, Rue de la	B4
Rouleau, Rue du	B1
Rouppe, Place	B4
Royale, Place	D4
Royale, Rue	D3
Sables, Rue des	C3
Sablonnière, Rue de la	E2
Sablons, Rue des	C4
Sceptre, Rue du	F6
Schuman, Rond-Point	G4
Senne, Rue de la	A3
Soignies, Rue de	B3
Sols, Rue des	C3
Stalingrad, Avenue de	A4
Stassart, Rue de	D5
Ste-Catherine, Place	B2
Ste-Gudule, Place	D3
Stevens, Rue	B4
Stevin, Rue	F3
St-Géry, Place	B3
St-Jean, Place	C3
St-Jean, Rue	C3
St-Laurent, Rue	D2
St-Lazare, Boulevard	D1
St-Lazare, Rue	D2
St-Marie, Rue	A1
Taciturne, Rue du	F3
Tanneurs, Rue des	B5
Teinturiers, Rue des	B3
Terre Neuve, Rue	B4
Toison d'Or, Avenue de la	C6
Toulouse, Rue de	F4
Traversière, Rue	E1
Treurenberg	D3
Trèves, Rue de	E5
Trône, Rue du	E5
Ursulines, Rue des	B4
Van Artevelde, Rue	B3
Van der Elst, Rue	C1
Vautier, Rue	F5
Véronèse, Rue	H3
Victoria Regina, Avenue	D1
Vierge Noire, Rue de la	B2
Vieux Marché aux Grains, Rue du	B2
Waterloo, Boulevard de	B6
Wavre, Chaussée de	F5
Wiertz, Rue	F5
Wynants, Rue	B5